ÉDITO

LIBERTÉ, RURALITÉ, FRUGALITÉ

En 2050, plus des deux tiers de l'humanité vivra dans les villes, cette projection démographique est bien connue. Mais les choses ne seraient-elles pas en train d'évoluer ? Lassés du manque de végétation, du confinement, des menaces de reconfinement, de plus en plus de citadins estiment le moment venu d'expérimenter de nouveaux modes de vie, aidés sans doute par la révélation du télétravail. Dans ces « territoires » si chers au nouveau Premier ministre Jean Castex, ils viennent pour exaucer leur désir de vert, faire revivre une vallée ou des rivières étouffées par le béton et pour expérimenter un nouveau vivre-ensemble – bas carbone, bien sûr. C'est cette « France qui s'ensauvage » que nous vous proposons de découvrir dans notre dossier de couverture.

« Mes valeurs, c'est la laïcité », a affirmé avec détermination le même Castex dans l'une de ses premières interviews. Reporté pour cause de Covid-19, le procès des attentats de Charlie Hebdo – défenseurs de la laïcité s'il en est – et de l'Hyper Cacher (janvier 2015) s'ouvre le 2 septembre et s'annonce comme l'un des grands évènements judiciaires de l'année. Fait exceptionnel, il sera intégralement filmé.

Loin du monde libre, il est glaçant de se dire que la Chine, première (ou presque) puissance du monde, est une dictature absolue. Épris des valeurs démocratiques, les jeunes de Hongkong devront choisir entre le silence, la prison ou l'exil. Le Royaume-Uni a annoncé vouloir ouvrir ses portes aux 2,9 millions de ressortissants de l'ile (sur 7,5 millions) nés avant la rétrocession à la Chine. États-Unis et Canada ont arrêté l'exportation de matériels militaires sensibles. Quant à l'Europe, rien que des mots… mais nous aurons des masques cet hiver, et le prochain vaccin anti-Covid pourrait bien être chinois, alors autant ne pas insulter l'avenir.

Pourquoi la politique environnementale d'Emmanuel Macron ne convainc-t-elle pas ? Aligner les milliards pour le climat ne contribue pas plus que la Convention citoyenne à rallier les sceptiques. Corinne Le Quéré, nommée par le Président à la tête du Haut Conseil pour le climat, souligne dans son tout dernier rapport l'inefficacité des mesures actuelles en matière de réduction d'émissions de gaz à effet de serre, tandis que Jean Castex, dans son discours de politique générale, annonce qu'il fera de la France le pays le plus décarboné d'Europe.

Et si Messieurs Castex et Macron commençaient par respecter l'accord de Paris sur le climat, qui prévoit depuis 2015 la neutralité carbone en 2050 ? Cela reviendrait à baisser nos émissions de CO_2 de 4,5 % par an. Pour rappel, chaque Français en émet aujourd'hui 7 tonnes par an en moyenne. Pour tendre vers la neutralité en 2050, il faudra passer par un point médian de 3 à 4 tonnes en 2035. Cela ne permettra pas beaucoup de voyages aux Antilles (1 tonne de CO_2 l'aller-retour) ! Et c'est sans compter la nécessité de réduire notre consommation de viande, nos trajets en voiture et notre usage du chauffage ou du web.

Les objectifs rigoureux qui sont demandés au citoyen, particulièrement dans le domaine des transports, ne devraient-ils pas être partagés par tous – État, collectivités, industries – pour être acceptés ? Une feuille de route claire mettant chaque acteur face au défi et aux objectifs qui sont les siens parait nécessaire. Et comme acte de bonne volonté, je propose au Président ce défi : publier le bilan carbone de l'Élysée – mauvais, à l'évidence –, en faire un bâtiment à énergie positive, vitrine de toutes les technologies existantes, sous peine de déménager dans un lieu plus frugal.

FRANÇOIS SIEGEL

WE DEMAIN

WWW.WEDEMAIN.FR

ÉDITEURS
François Siegel
francois.siegel@wedemain.fr
Jean-Dominique Siegel
jeando.siegel@wedemain.fr

CONSEILLER DE LA DIRECTION
Gérard Leclerc
gerard.leclerc@wedemain.fr

RÉDACTEUR EN CHEF
Antoine Lannuzel
antoine.lannuzel@wedemain.fr

DIRECTRICE ARTISTIQUE
Marion Elbaum
marion.elbaum@gmail.com

ICONOGRAPHE
Joël Halioua
joel@jheditorial.com

CHEF D'ÉDITION
François Burkard

CONSEILLER ÉDITORIAL
Jean-Louis Marzorati

ENQUÊTES, REPORTAGES
Mathilde Doiezie
Cyril Fiévet
Frédéric Joignot
Camille Jourdan
Gérard Leclerc
Benjamin Leclercq
Clément Le Foll
Gilles Luneau
Jean-Louis Marzorati
Raphaël Meursault
Armelle Oger
Manon Pélissier
Clément Pouré
Marie-Pia Rieublanc
Marie Roy
Sidonie Sigrist
Gabriel Thierry
Jean-Jacques Valette
Charlotte Vannier
Emmanuelle Vibert

PHOTOGRAPHES
Didier Bizet
Mathieu Cugnot
Jim Goldberg
Marianne Wasowska
Alessandra Sanguinetti
Michel Setboun
Ian Teh
Théophile Trossat

DESSINATEURS
Gros
Julien Pacaud
Sandrine Pagnoux

RÉDACTRICE EN CHEF ADJOINTE WEB
Alice Pouyat
alice.pouyat@wedemain.fr

JOURNALISTES WEB
Sofia Colla
sofia.colla@wedemain.fr
Pauline Vallée
pauline.vallee@wedemain.fr

STAGIAIRE
Morgane Russeil-Salvan

FABRICATION
Élodie Doré

CONTRIBUTIONS

Julien Pacaud
Fortement influencé par le cinéma, auquel il s'est formé à l'École Louis-Lumière, cet artiste compose des collages numériques surréalistes à partir d'une banque de photos anciennes qu'il enrichit quotidiennement. On lui doit la couverture originale de ce numéro, ainsi que les illustrations de notre dossier consacré à la France qui s'ensauvage (p. 50-59).

Clément Le Foll et Clément Pouré
Depuis l'épisode du confinement, ces deux journalistes indépendants suivent la façon dont s'inventent et se déploient en France de nouvelles technologies de surveillance. Pour *We Demain*, ils font l'état des lieux de celles qui se sont immiscées dans nos vies à la faveur de la pandémie… sans que l'on sache si elles en ressortiront (p. 40).

Camille Jourdan & Mathieu Cugnot
Elle est journaliste et autrice de nombreux reportages en France et à l'étranger. Lui est photoreporter indépendant, diffusé par l'agence Divergence. Le duo est parti à Roubaix, à la rencontre de personnes amputées qui ont décidé de customiser et d'arborer leur prothèse de bras ou de jambe, plutôt que de la cacher (p. 150).

Ian Teh
Photographe anglo-malaisien basé à Kuala Lumpur, lauréat de plusieurs prix, il est membre de l'agence britannique Panos Pictures. *We Demain* publie le travail au long cours qu'il a réalisé en Chine sur le fleuve jaune, le deuxième plus grand du pays, dévasté par la pollution industrielle (p. 122).

Jim Goldberg et Alessandra Sanguinetti
Photographes multiprimés de l'Agence Magnum, ils sont exposés dans de nombreux musées. Depuis Petaluma, ville moyenne de Californie où ils résident, Ils portent, pour *We Demain*, un regard sur une Amérique meurtrie par le Covid-19 et divisée comme jamais à l'approche de la présidentielle. Leur travail accompagne notre rencontre avec Douglas Kennedy (p. 14).

Didier Bizet et Charlotte Vannier
Lui est photographe, elle rédactrice, styliste photo et créatrice d'objets pour la presse et l'édition. *We Demain* publie leur travail réalisé à travers cinq pays sur le mouvement « reborn ». Des images et témoignages inédits de personnes qui ont choisi « d'adopter » des poupées ultra-réalistes et de vivre avec elles comme s'il s'agissait de bébés (p. 78).

Sandrine Pagnoux
Installée à Barcelone, cette illustratrice mélange « sans règle » la photographie, le dessin, le graffiti, la typographie et divers matériaux. Dans ce numéro, elle livre son interprétation haute en couleur de l'enquête de Gabriel Thierry sur le mouvement des antiondes, ceux qui s'opposent à la 5G comme au compteur électrique Linky (p. 26).

Mathilde Doiezie
Journaliste à *Brief.me*, passée par *Le Figaro*, elle affectionne les sujets de société, le féminisme, l'écologie… Pour *We Demain*, elle a enquêté sur la façon dont le sport professionnel s'adapte à des températures toujours plus élevées, à l'image du marcheur star Yohann Diniz (p. 70).

CHRONIQUES

Jean Paul Curtay
Médecin nutritionniste.

Patrice Franceschi
Écrivain et aventurier.

CONTACT

We Demain
Le Shack
4 impasse Sandrié, 75009 Paris
01 40 95 57 19
Édité par We Demain Groupe GS
•
Gérant et directeur de la publication :
François Siegel
•
Comptabilité :
Christine Peltier
cpeltier@gspresse.fr
•
Photogravure : Studio 92/Key Graphic
Impression : Valpaco — Rungis (94)
•
Commission paritaire : 0621 D 91382
ISSN : 2259-0242 — ISBN : 979-10-93022-22-2
Dépôt légal : à parution

Origine du papier : France
Taux de fibres recyclées : 0 %
Eutrophisation : Ptot = 0,01 kg/tonne papier

IMPRIM'VERT

Certifié PEFC
Ce produit est issu de forêts gérées durablement et de sources contrôlées.
PEFC 10-31-1216
pefc-france.org

CONSEIL
Isabelle Jacques - Labelagence
isabelle.jacques@wedemain.fr
06 82 30 45 06

CHEFFE DE PROJET
Fanny Cedan
fanny.cedan@wedemain.fr

DÉVELOPPEMENT COMMERCIAL
B.BETWEEN
Mélanie Blandin
melanie@bbetween.fr
06 76 55 30 71
Marine Houllier
marine.houllier@wedemain.fr
07 87 10 84 00

ABONNEMENT
Christine Peltier
abonnement@wedemain.fr
01 40 95 57 04

CONSEIL ABONNEMENT
Annie Siteboun

RELATIONS PRESSE
Anne Hartenstein
ah@annehartenstein.com
06 85 57 64 19

WE DEMAIN
C'EST PLUS QU'UNE REVUE

LE SITE

WeDemain.fr, c'est le site d'information, de solutions et de décryptage du monde qui change. Téléchargez notre application et suivez-nous sur Facebook, Instagram et Twitter.

LE LIEU

Depuis le 1er juillet, *We Demain* a posé ses valises dans une petite impasse située derrière l'Opéra Garnier, à Paris. Notre nouvelle adresse : Le Shack, un espace de coworking installé dans les anciens locaux de la maison d'édition Calmann-Lévy. Un lieu qui renaît grâce à un duo familial : Émilie Vazquez et son père Philippe Bourguignon. Chaque mois, la rédaction y organisera des rencontres, « Un verre avec », autour de personnalités inspirantes.

Plus d'infos sur wedemain.fr

L'AGENCE

L'agence éditoriale *We Demain* accompagne les acteurs de notre société (collectivités territoriales, entreprises, etc.) dans leur réflexion sur les changements de notre époque. Des collaborations qui prennent la forme de suppléments dans la revue, de tirés à part, de contenus numériques ou de conférences pour nos partenaires.

LES FORUMS

We Demain organise également des rencontres publiques. Le troisième forum « sécurité et résilience », avec Boris Cyrulnik comme grand témoin, aura lieu début 2021 et le forum « Et si on changeait l'école ? », avec France Info, le 24 septembre 2020 au studio 104 de la maison de la radio.

LES MÉDIAS

L'expertise de *We Demain* est à retrouver chaque mercredi dans la chronique « Changer d'époque avec *We Demain* » dans le 23 heures de franceinfo canal 27, présenté par Patricia Loison ; et chaque mois dans la rubrique « Bien à vous » du 13 heures de France 2, présenté par Marie-Sophie Lacarrau.

DR

CONTACT : Jean-Dominique SIEGEL, éditeur – jeando.siegel@wedemain.fr – 06.80.58.71.54

SOMMAIRE

En couverture : Julien Pacaud - Maria Svarbova, courtesy Galeria BAT – May Parlar – Antonio Guerra – Alastair Magnaldo

Chaque mois, retrouvez dans le JT de 13 heures de Marie-Sophie Lacarrau **Bien à vous,** *la rubrique consacrée aux initiatives constructives et bienveillantes en partenariat avec* **We Demain.**

Corinne Skrochowski

CHRONIQUE

LE JOURNAL DU TEMPS QUI CHANGE

Brèves d'été

La rédaction

15 MAI. Un tribunal de Singapour condamne un trafiquant de drogue à la peine de mort par pendaison… via l'application de vidéoconférence Zoom, Covid-19 oblige. Sidération des associations de défense des droits de l'homme.

19 MAI. Google renonce à développer de nouvelles solutions d'intelligence artificielle aidant l'industrie du pétrole et du gaz.

26 MAI. La compagnie Air France annonce qu'elle va réduire de 40 % ses vols intérieurs. Un gage à destination du gouvernement, qui a conditionné une aide de 7 milliards d'euros à des contreparties environnementales.

28 MAI. Le géant allemand de la vente textile Zalando annonce qu'il ne collaborera plus qu'avec des griffes écoresponsables à l'horizon 2023.

30 MAI. La société d'Elon Musk SpaceX lance deux astronautes de la NASA dans l'espace. Une première pour une entreprise privée.

11 JUIN. La vente de semences paysannes est enfin autorisée aux jardiniers amateurs en France. Les artisans semenciers ont désormais le droit de commercialiser des semences non inscrites au catalogue officiel.

17 JUIN. La première maison flottante imprimée en 3D : c'est ce que vient de créer en République tchèque le sculpteur Michal Trpák, aidé d'architectes.

22 JUIN. Les vols intérieurs avec Paris-Orly seront interdits quand le train mettra moins de 2h30 pour le même trajet, annonce le secrétaire d'État aux transports.

26 JUIN. Danone entérine un tournant inédit pour une entreprise du CAC 40 : elle devient une « société à mission », c'est-à-dire mettant sur le même plan le but lucratif et celui d'ordre social ou environnemental.

26 JUIN. Des chercheurs allemands et japonais annoncent être parvenus à augmenter la taille du cerveau d'un singe en lui implantant un gène humain.

28 JUIN. Une vingtaine de villes, deux millions d'administrés : percée historique des écologistes lors d'élections municipales aussi marquées par l'abstention : 6 électeurs sur 10 n'ont pas voté.

29 JUIN. Emmanuel Macron annonce que 146 des 149 propositions de la Convention citoyenne pour le climat seront reprises dans la loi, certaines pouvant être soumises à référendum. Il exclut toutefois l'idée d'une taxation de 4 % sur les dividendes ou celle d'une baisse de la vitesse autorisée sur l'autoroute.

30 JUIN. Fermeture de la centrale nucléaire de Fessenheim (Haut-Rhin), la plus vieille de France.

30 JUIN. Deux semaines après BP, le groupe pétrolier Shell annonce une importante dépréciation de la valeur de ses actifs, estimée entre 15 et 22 milliards de dollars. En cause, la crise économique, qui pèse sur la demande mondiale, dans un contexte de surproduction.

Patrick Semansky/AP/SIPA

4 JUILLET. Lors de l'installation du Conseil municipal, la nouvelle maire écologiste de Strasbourg, Jeanne Barseghian, déclare *« l'état d'urgence climatique »* sur son territoire. Le nouveau maire écolo de Bordeaux, Pierre Hurmic, avait fait de même la veille.

7 JUILLET. Des métastases au foie détruites grâce à un robot couplé à une intelligence artificielle : première mondiale au centre régional de lutte contre le cancer Gustave-Roussy, à Villejuif (Val-de-Marne).

8 JUILLET. Produire dix millions de tonnes d'hydrogène à partir d'électricité renouvelable : c'est l'objectif de Bruxelles, qui prévoit l'installation de 40 gigawatts d'électrolyseurs d'ici 2030. Un enjeu clé pour décarboner l'économie européenne et atteindre la neutralité carbone d'ici 2050.

11 JUILLET. Pour la première fois depuis l'épidémie de Covid-19 qui se propage dans le monde depuis janvier, Donald Trump apparaît en public en portant un masque de protection.

21 JUILLET. Dans les pages de son célèbre numéro annuel dédié aux maillots de bain (« Swimsuit Issue »), le magazine américain *Sports Illustrated* accueille la première mannequin transgenre de son histoire, Valentina Sampaio.

21 JUILLET Les chefs d'État de l'UE s'accordent sur un plan de relance de 750 milliards d'euros qui doit permettre d'affronter la récession post-Covid-19. Un plan *« lié à des objectifs climatiques »*, précise Charles Michel, président du Conseil européen. ◆

Nouvelle ère, nouveau lieu !

Yan Morvan

Pour *We Demain,* le « monde d'après » s'écrira depuis un nouvel espace de travail et de rencontres. Adieu canal Saint-Martin et place de la République, bonjour le Shack, nouveau lieu de 1 500 m² qui associe travail, restauration et club social, situé dans une petite impasse derrière l'Opéra Garnier, à Paris. Et quel lieu ! La rédaction de la revue, son site et son équipe travaillent à présent au 2e étage d'un immeuble majestueux jadis occupé par la maison d'édition Calmann-Lévy.

En 1867, Michel Lévy, son patron, refuse de s'installer rive gauche et décide d'investir un quartier en pleine mutation, où il achète à la ville un terrain vague de 1313 m², non loin de l'Opéra Garnier... qui est encore en travaux. Pour y édifier le siège de l'éditeur, l'architecte Henri Fèvre fait appel à un certain Gustave Eiffel... qui n'a pas encore élevé sa tour. Résultat, un joyau architectural fait de bois, de métal, de marbre... Sous onze mètres de plafond vitré, entouré de hautes étagères pleines de livres, un café-restaurant ouvert à tous accueillera les rencontres *We Demain*. La formule reste la même que dans nos précédents locaux : « un verre avec » une personnalité, autour des grandes questions qui structurent le monde de demain.

À l'origine du Shack, on trouve Émilie Vazquez, ancienne directrice e-commerce et digital chez AccorHotels, et son père, Philippe Bourguignon, ancien patron d'EuroDisney et du Club Med, aujourd'hui partenaire dans Revolution Places. Un projet familial dans un lieu mythique, inspirant et propice aux rencontres... Il n'en fallait pas plus pour que *We Demain* rejoigne l'aventure.

Le Shack – 4 impasse Sandrié, Paris 9e

«LOST IN THE VALLEY», de Maria Svarbova (courtesy Galeria BAT).

DÉCHIFFRER

pages 14 - 47

DOUGLAS KENNEDY « LE RÊVE AMÉRICAIN, MA FAMILLE Y A CRU »

Propos recueillis par Frédéric Joignot
Photos : Jim Goldberg et Alessandra Sanguinetti

•

LE PLUS EUROPÉEN DES AUTEURS D'OUTRE-ATLANTIQUE FAIT POUR « WE DEMAIN » LE SOMBRE PORTRAIT DES ÉTATS-UNIS DE TRUMP… MAIS VOIT DES RAISONS D'ESPÉRER DANS UNE POSSIBLE VICTOIRE DÉMOCRATE À L'ÉLECTION PRÉSIDENTIELLE DE NOVEMBRE.

•

En ce début de mois de juillet, Douglas Kennedy est inquiet. L'Europe vient de refuser d'accueillir les Américains suite à l'aggravation de l'épidémie de Covid-19 aux États-Unis. Lui qui se rend à Paris tous les quinze jours ! *« Cela fait quatre mois que je suis confiné dans le Maine ; Paris me manque, la France me manque… J'espère que je vais pouvoir venir avec mon passeport irlandais… »* Douglas Kennedy est un véritable Euro-Américain. Né en 1955 à New York, il y a vécu jusqu'à 22 ans, puis a passé les années 1980 et 1990 en Europe – Dublin, Paris, Londres – avant de s'installer dans le Maine, près du Canada. C'est dire s'il connait bien les deux cultures, l'américaine et la française… Il a décrit l'époque d'intolérance du maccarthysme dans *La poursuite du bonheur* (Belfond, 2001) et raconté l'insouciance libertaire et les combats des années 1960-1970 dans *La symphonie du hasard* (Belfond, 2018). Il présente un Paris pauvre et crépusculaire, où l'amour est rédempteur, dans *La femme du V*[e] (Belfond, 2007) et traite de l'adultère assumé d'une Parisienne – *« une idée irrecevable dans l'Amérique puritaine »*, dit-il – dans

LE REGARD DE MAGNUM

Jim Goldberg et Alessandra Sanguinetti vivent et travaillent à Petaluma, dans la baie de San Francisco. Pour *We Demain*, ces deux photographes de l'agence Magnum, lauréats de plusieurs prix, ont tenté un portrait sensible de l'Amérique de Trump par le biais de leur voisinage immédiat, au début du mois de juillet. L'idée leur est venue en découvrant des réactions outragées après le vol d'un pot de fleurs devant la maison d'une voisine, sur le réseau social Nextdoor. De proche en proche, ils sont ainsi entrés en contact avec les gens qui peuplent ce travail, pour beaucoup déçus par les démocrates, défiants et inquiets.

Ce garçon des environs de San Francisco est parti se confiner avec sa famille à Dillon Beach, à une quarantaine de kilomètres de San Francisco.

Isabelle, l'après-midi (Belfond, 2020). Voilà peut-être pourquoi il est l'auteur américain préféré des Français : il aurait vendu 5 millions d'ouvrages dans notre pays. Cette double appartenance fait de Douglas Kennedy un observateur privilégié des États-Unis, à la veille de l'élection présidentielle de novembre. Descendant de réfugiés juifs allemands ayant fui le nazisme dans les années 1940, il a comme eux cru au « rêve américain ». Il en a bénéficié. Ses parents ont réussi. Lui-même a adoré vivre dans le New York des *seventies*. Et puis, depuis les années 2000, son pays rayonnant et libre, où chacun pouvait refaire sa vie, s'est délité.

Aujourd'hui, selon Kennedy, la classe moyenne américaine mange son pain noir, la classe ouvrière est à la peine, les systèmes de santé et d'éducation ont failli, vivre dans une grande ville est hors de portée de la majorité des gens, la police assassine en direct les Afro-Américains, le pays est miné par les haines partisanes, le gouvernement a laissé le coronavirus se répandre, préférant soutenir l'économie plutôt que prendre des mesures de précaution élémentaires. Comment en sommes-nous arrivés là ? Grand entretien.

« Le rêve américain, ma famille venue d'Allemagne y a cru, mais il est aujourd'hui moribond. Je suis né le 1er janvier 1955, d'une mère juive d'un quartier petit-bourgeois de Brooklyn – elle est très vieille, maintenant. Quant à mon père, disparu, il a grandi dans un *block* populaire irlandais à New York. Quand j'étais enfant, une fois par mois, nous prenions le métro depuis Manhattan pour retourner à Brooklyn, et on passait l'après-midi avec mes grands-tantes Amelia et Millie, et son mari Joe. Tous trois ont grandi et vécu à Munich jusqu'à la « Nuit de cristal », le pogrom des nazis contre les Juifs en novembre 1938. Ce fut une fuite éperdue. Grâce à des appuis familiaux, ils ont trouvé des visas à la dernière minute, pris le premier bateau, et sont arrivés à New York. En 1938, Amelia avait 63 ans, Millie 58 et Joe 60…

Ma grand-tante Amelia est morte en 1961, je l'ai fréquentée jusqu'à mes 6 ans. J'ai donc connu des gens nés en Allemagne à l'époque de Bismarck, qui étaient dans la fleur de l'âge pendant la première guerre mondiale, qui ont vu les nazis prendre le pouvoir, et qui sont arrivés aux États-Unis à la soixantaine. Quelle histoire extraordinaire ! Leur installation en Amérique n'a pas été facile, ils avaient tout perdu, ils parlaient juste l'allemand. Mais c'était ça ou Dachau…

Pour eux, comme pour mes parents, et pour moi qui ai grandi avec, le rêve américain signifiait cette possibilité de refaire complètement sa vie, dans un pays égalitaire, une démocratie, avec des droits, des libertés, pas un régime dictatorial. Ce rêve, c'était aussi rejoindre la classe moyenne américaine, espérer une ascension sociale, se dire « on aura sa maison, deux voitures, un bon salaire, une vie stable, on enverra ses enfants à l'université ». Ce grand rêve est né après la seconde guerre mondiale, il a fait vibrer beaucoup de gens à travers le monde, mais aujourd'hui il est brisé.

J'ai grandi à New York entre la 19e Rue et la 2e Avenue, dans un immeuble des débuts du XXe siècle, très classe moyenne, dans un grand appartement. À l'époque, les années 1960, New York était une ville très mixte socialement, très vivante, très diverse, avec des petits commerçants partout, des petits livreurs indépendants, des salles de spectacle. Dans les années 1970, la vie était bon marché ; je n'avais pas beaucoup d'argent, mais on trouvait facilement du travail, on allait dans les nombreuses salles de cinéma, dans des petits restaurants, aux concerts de jazz. Franchement, à l'époque, New York était une ville extraordinaire à vivre.

Aujourd'hui, tout a changé. La plupart des petits commerces ont fermé, on ne voit plus que des magasins de luxe et des chaines partout, des restaurants et des hôtels dispendieux. C'est devenu mission impossible de vivre dans une grande ville américaine quand on est de la classe moyenne. Tout est trop cher. Le logement, les médicaments, les sorties… Je suis bien obligé de le constater : l'hypercapitalisme l'a emporté. Plus grave encore, la santé et l'éducation sont désormais hors de prix. Il est devenu très difficile d'éduquer ses enfants sans contracter d'énormes dettes. Et se soigner correctement exige d'avoir une assurance privée très chère. Pour la majorité des Américains, excepté une riche minorité, c'est un sujet de préoccupation constant. Tous les politiciens républicains parlent de la famille, de la défense des valeurs familiales, mais rien n'est fait pour les protéger.

« LA CLASSE MOYENNE AMÉRICAINE EST FOUTUE DEPUIS LA FIN DES ANNÉES 1990. LES OUVRIERS AUSSI SOUFFRENT. »

La classe moyenne américaine est foutue depuis la fin des années 1990. Les ouvriers aussi souffrent. Je suis Irlandais par mon père et Américain par ma mère. Mes deux enfants, qui vivent en Irlande, ont décidé d'aller à l'université aux États-Unis. J'ai pris en charge leurs frais éducatifs pour 60 000 dollars par enfant et par an. C'est dingue ! Un étudiant doit s'endetter s'il veut faire des études supérieures aux États-Unis. J'ai dû beaucoup travailler pour payer leurs études. Je ne voulais pas qu'ils commencent leur vie avec de lourdes dettes. Comment démarrer dans l'existence dans ces conditions ?

Le délitement de la classe moyenne américaine a commencé sous le gouvernement Reagan, dans les années 1980. Le grand débat d'alors était : quel est le rôle de l'État ? Faut-il un État social ? Ce sont •••

ROSA ET SA FILLE.
En raison de la pandémie de Covid-19, Rosa est au chômage depuis le mois de mars.

VICTOR ET SON COUSIN sont au chômage en ce moment. Avant la pandémie de Covid-19, ils étaient déménageurs. Aujourd'hui, plus personne ne souhaite les voir entrer chez eux.

UN VOISIN qui ne veut pas être nommé montre à la photographe Alessandra Sanguinetti comment utiliser une arme de poing, pendant que Jim Goldberg capture ce moment.

UNE BONNE PARTIE DE LA FAMILLE DE GARNET, qui pose ici avec son mari, a fait carrière dans la police, l'armée ou au FBI. Elle déplore les manifestations contre les violences policières et le mouvement Black Lives Matter. Quant au Covid-19, elle a son idée sur la question : *« Vous savez, je pense que le Covid pourrait être une expérience qui a mal tourné, en Chine. Je veux dire, je ne pense pas que ce soit un accident total. Presque toutes les maladies viennent de Chine. Je pense que c'est très étrange que pendant les années électorales les choses se passent comme ça. »*

UNE BOUTIQUE DE SECONDE MAIN à Santa Rosa. La Californie, locomotive de l'économie américaine, a été heurtée de plein fouet par la pandémie : le chômage, quasiment inexistant auparavant, s'est envolé à 24 % en mai.

POUR LE WEEK-END du 4-Juillet (jour de la fête nationale), Kayla est partie se baigner au célèbre lac Tahoe, à 300 km de San Francisco. « *Je pense que toute cette affaire de Covid a été exagérée,* dit-elle. *En plus, il y en a qui disent que c'est le gouvernement qui a créé tout ce truc autour de la mort de George Floyd, et que les manifestations de Black Lives Matter étaient un moyen de détourner l'attention du coronavirus.* »

••• les ultralibéraux, les néoconservateurs qui ont imposé ces discussions. Une fois au pouvoir, ils ont tranché. Ils ont tué l'investissement, le système de protection sociale, l'État protecteur. En Angleterre aussi, Margaret Thatcher a voulu en finir avec l'État-providence et privatiser les services publics. Mais ce fut moins extrême qu'aux États-Unis, parce que là-bas le système de santé publique est très populaire et fonctionne bien. En Amérique, l'aide sociale a été démantelée sous Reagan et ses successeurs républicains, les Bush, puis Donald Trump.

Barack Obama a voulu inverser la tendance en créant « l'Obamacare », un système de sécurité sociale pour les plus démunis, comme il en existe dans toutes les grandes démocraties. Vous connaissez la suite : Donald Trump, en pleine pandémie du coronavirus, a décidé de le supprimer définitivement *[en demandant en juin à la Cour suprême d'abroger cette loi]*. Cela, alors qu'en juillet les États-Unis dépassaient les 3 millions de cas depuis le début de l'épidémie, avec plus de 130 000 morts, et que des millions de gens bénéficient de l'Obamacare. C'est incroyable, mais c'est la réalité ! C'est hallucinant !

Face au coronavirus, Donald Trump et le parti républicain pratiquent le darwinisme social. C'est la politique de la sélection naturelle. Le virus élimine les plus faibles, c'est-à-dire les plus vieux, les plus pauvres, les gens des minorités afro-américaines et latinos, ceux qui font les boulots dangereux, qui n'ont pas les moyens de se payer une assurance privée et un suivi médical très chers. Pour Trump et le « Grand Old Party » *[Parti républicain]*, il est regrettable d'arrêter l'économie pour contenir la maladie. Beaucoup de gens ont la religion de l'effort aux États-Unis, de l'argent durement gagné, ils ont une mentalité de gladiateur. Ils admirent ceux qui font fortune. Les États républicains le savent, alors ils ont rouvert les magasins le plus tôt possible pour relancer l'économie, remettre les gens au travail, ils n'ont pas donné de directive pour que les habitants portent des masques ; au contraire, ils ont encouragé la population à sortir, en espérant développer une immunité collective.

SÉNAT D'EXTRÊME DROITE

Si bien qu'aujourd'hui, début juillet, nous avons plus de 50 000 nouveaux cas par jour, les hôpitaux de Floride et du Texas sont submergés par les malades et l'épidémie est repartie dans quarante États *[sur cinquante]*. Devant l'ampleur du drame, les gouverneurs républicains ont dû faire marche arrière, appeler les gens à garder leurs distances et à porter des masques, alors que la veille encore, eux-mêmes n'en mettaient pas, appelaient à rouvrir écoles et bars et à reprendre à tout prix le travail.

En France, beaucoup de gens me demandent comment Donald Trump a pu être élu alors qu'il ne semble visiblement pas être à la hauteur de la charge. Il faut d'abord savoir que Trump a volé l'élection de 2016. Il a perdu le vote populaire de près de 3 millions de voix. Le Parti républicain a tout fait pour dissuader beaucoup d'électeurs de voter. Et puis, le système électoral l'a favorisé... De temps en temps, je regarde pérorer Mitch McConnell, sénateur du Kentucky qui est aussi le chef du Sénat. Il est d'hyper extrême droite, il a protégé Trump pendant toute la procédure d'*impeachment [destinée à destituer le président américain, elle a abouti à son acquittement, en février]*. Alors, je suis d'accord, il y a des poètes valables dans le Kentucky, de beaux paysages et du bon whisky, le bourbon. Mais en dehors de ça, il y a une majorité des 4,5 millions d'habitants de cet État qui ont élu le réac Mitch McConnell. Maintenant, prenez la Californie démocrate, 40 millions d'habitants, la quatrième économie du monde, ou encore l'État de New York, 19 millions d'habitants, où le gouverneur démocrate Andrew Cuomo a mené une politique efficace de confinement et de précaution : eh bien, ces États envoient chacun au Congrès deux sénateurs, autant que le Kentucky peu peuplé ou le Wyoming, avec ses

« FACE AU CORONAVIRUS, DONALD TRUMP ET LE PARTI RÉPUBLICAIN PRATIQUENT LE DARWINISME SOCIAL. »

600 000 habitants. C'est absurde ! Résultat, le Sénat se retrouve tenu par des gens d'extrême droite, venus de petits États sans pouvoir économique, des hommes sans expérience, ultra-partisans. Est-ce qu'il existe une solution à ça ? Je ne sais pas.

Ensuite, n'oubliez pas que Donald Trump l'a emporté dans les États de la « Rust Belt », chez les « petits blancs » de plus en plus pauvres mais qui travaillent dur, admirent les gagnants, des gens qui sont souvent contre l'Obamacare. Ils ont massivement voté pour lui parce qu'il incarne la réussite, qu'il est milliardaire (et ne paie pas ses impôts). Pour moi, ils ont voté contre leur propre intérêt. C'est comme pour le port de masque. Ils disent que ça va contre leur liberté, sans se soucier des autres. Je me souviens le premier dimanche de confinement dans le Maine, le 22 mars. C'était encore l'hiver ici, avec la neige partout. J'étais dans une station-service et j'avais mis un masque. Et il y a un type qui est entré, un camionneur, avec des tatouages. Il a été immédiatement hostile envers moi. Il s'est approché tout près, sans masque, et j'ai dû lui dire : *« Monsieur, à deux mètres s'il vous plait. »* Il m'a répondu agressivement : *« Oh vous, vous êtes un homme de gauche ! »* J'étais sidéré. Je lui ai dit : *« Si vous tombez malade du Covid, vous vous répèterez cette phrase dans votre cercueil. »* Puis j'ai insisté •••

JOEL pose chez lui, avec son drapeau en faveur de Donald Trump et son t-shirt de «tueur de communiste». Habituellement, il travaille dans un restaurant appartenant à sa famille depuis deux générations. Pendant la pandémie, ils ont dû fermer et licencier tous les employés. Pour lui, *«tout cela est exagéré, c'est un plan pour renverser le gouvernement»*. Il a peur qu'il n'y ait plus de célébration du 4-Juillet si Trump n'est pas réélu en novembre.

UNE MAISON abandonnée à Petaluma, ville de 60 000 habitants, où vivent les photographes Jim Goldberg et Alessandra Sanguinetti.

JENNIFER a perdu son fils en 2016. Un meurtre. Depuis, elle avoue s'être beaucoup battu. Contre le suicide, contre l'addiction, le divorce aussi. Aujourd'hui, elle craint pour l'intégrité de son pays. *«Je ne sais pas qui essaie de détruire l'Amérique*, dit-elle. *Ils essaient de détruire le capitalisme. La Chine contrôle Microsoft, et Bill Gates avait un laboratoire en Chine. Nous sentons tous que quelque chose se passe, mais personne ne sait d'où vient ce virus. Et maintenant les manifestations* [après la mort de George Floyd, en mai], *eh bien, je pense que ceux qui sont derrière sont des petits groupes comme Antifa. Je pense que le mouvement Black Lives Matter a été utilisé par les anti-Américains pour diviser le pays. Drôle de période.»*

••• en ajoutant que ce n'était pas une question d'être de gauche ou de droite, mais de responsabilité, de respect pour les autres et les personnes fragiles. Il m'a crié dessus : *« Vous êtes le genre de types qui veulent nous forcer à porter des masques ; ils parlent de vous tout le temps sur Fox News… »*

GUERRE CULTURELLE

Pourquoi Donald Trump l'emporte-t-il dans la « Rust Belt » *[région industrielle du nord-est des États-Unis]* et les campagnes, chez les *rednecks* ? Il continue de mener la guerre culturelle. C'est Richard Nixon qui l'avait lancée dans les années 1970 pour renforcer le camp conservateur et discréditer la lutte des droits civiques des Noirs, les valeurs progressistes concernant l'avortement, l'égalité des femmes, les homosexuels, déconsidérer l'opposition à la guerre du Vietnam, en finir avec l'aide sociale promue par les démocrates… toute cette époque dont je parle au début de *La symphonie du hasard*. Nixon n'était certes pas d'extrême droite comme Trump – il a tenté de mettre en place un système de santé publique, il a créé l'Agence américaine de protection de l'environnement –, mais il a inauguré cette guerre culturelle. Il a affirmé qu'il y avait d'un côté l'Amérique profonde, celle de la « majorité silencieuse », chrétienne, laborieuse, familiale, blanche, conservatrice, armée, et de l'autre les « élites » urbaines, les politiciens progressistes, les intellectuels, les laïques, les défenseurs des minorités et de « l'assistanat », qui soi-disant méprisent le peuple, le travail, l'autorité, la majorité, la religion.

Depuis, les républicains poursuivent inlassablement cette guerre culturelle. Ronald Reagan a tout fait pour l'enflammer, et *[son successeur]* George H. W. Bush aussi : il a compris qu'il fallait être contre l'avortement pour emporter le vote conservateur et chrétien radical. Ensuite, en réaction aux deux mandats de Bill Clinton, l'extrême droite a peu à peu pris le contrôle du Parti républicain au nom de la guerre contre le « politiquement correct ». On l'a bien vu quand Trump a été élu. Pour s'attirer les voix de l'extrême droite, il a choisi comme vice-président un fondamentaliste chrétien opposé à l'avortement, Mike Pence.

Aujourd'hui, Trump envenime la guerre culturelle, il fait tout pour diviser les Américains, on l'a vu pendant son discours du 4 juillet au Mont Rushmore, où il s'est attaqué au mouvement Black Lives Matter et à l'extrême gauche, alors que la police tue des Afro-Américains, que la pandémie repart de plus belle et que le pays a besoin d'être rassuré. Les États-Unis sont de plus en divisés sous Trump. Je le vois chez moi, dans le Maine, où l'usage du cannabis est légal, où il y a des dispensaires, deux universités, une vie intellectuelle, mais aussi les travailleurs du chantier naval de Bath, des bikers, une extrême droite virulente. Nous sommes très divisés. Il y a un gouffre entre les partisans de Trump et ses opposants. Il y a aussi un gouffre de l'éducation aux États-Unis, je le vois tous les jours. Peut-être 10 % à 15 % de gens lisent des livres, ici. Beaucoup ne voient pas que les inégalités sociales se sont creusées, que Trump s'occupe d'abord de réduire les impôts des riches, que nous vivons dans une sorte de ploutocratie.

Bon, en même temps, les États-Unis restent un pays génial à vivre. Prenez la culture, justement : nous sommes à l'avant-garde pour nos universités, nos chercheurs, nous sommes reconnus grâce à notre cinéma, le jazz, la musique populaire, l'innovation technologique… En fait, beaucoup de choses extraordinaires se font ici. Nous avons déjà connu une période sombre dans les années 1950, sous le sénateur républicain Joseph McCarthy, qui n'est pas sans rappeler Donald Trump. Je décris cet épisode dans mon roman *La poursuite du bonheur* et je tiens à dire que si nous avons subi McCarthy, nous nous en sommes débarrassés.

« SI NOUS AVONS SUBI MCCARTHY DANS LES ANNÉES 1950, NOUS NOUS EN SOMMES DÉBARRASSÉS. »

Ensuite, nous avons connu l'effervescence culturelle, politique, sociale des années 1960-1970, le mouvement des droits civiques. Et après Georges W. Bush, nous avons élu Barack Obama, un président noir. Aujourd'hui, regardez ce qu'il se passe… Nous voyons ces énormes manifestations de femmes, de jeunes contre le réchauffement climatique, le mouvement Black Lives Matter, et tous ces scientifiques, ces villes, ces entreprises qui se mobilisent contre Trump, qui résistent aux mensonges officiels.

Aujourd'hui le pays est si troublé que nous oublions l'essentiel. Les démocrates peuvent gagner l'élection. Chez moi, dans le Maine, en septembre 2018, pendant les *midterms [élections de mi-mandat]*, les électeurs ont choisi à 53,3 % la démocrate Janet Mills comme gouverneure de l'État. C'est la première fois qu'une femme l'emporte ici. Elle a déjà beaucoup fait. Elle a renforcé Medicaid, le système de santé, facilité la construction de logements pour personnes âgées, créé un incubateur de start-up et même libéralisé la marijuana… Elle va dans la bonne direction.

Il nous faut investir dans les États-Unis, dans la population – je veux dire dans l'éducation, dans les HLM pour les pauvres, dans la santé publique, dans les projets culturels, qui sont fondamentaux. Il nous faut œuvrer à un capitalisme plus social, plus modéré, plus régulé, investir dans les services publics, contrôler les excès des financiers et de l'esprit d'avidité. Donner un nouveau sens au rêve américain. ◆

DEUX ADOLESCENTS
à Kiburz, près du lac Tahoe, le 4 juillet, jour de la fête nationale.

ENQUÊTE
DANS LA NÉBULEUSE DES ANTIONDES

Texte : Gabriel Thierry
Illustrations : Sandrine Pagnoux

•

DURANT LE CONFINEMENT, LES DÉGRADATIONS SUR LES ANTENNES-RELAIS SE SONT MULTIPLIÉES. QUELLES SONT LES MOTIVATIONS DES CASSEURS ? PLUS LARGEMENT, QUI SONT CEUX QUI COMBATTENT LA 5G COMME LE COMPTEUR LINKY SUR LES FRONTS SCIENTIFIQUE ET POLITIQUE, DÉNONÇANT LEURS MÉFAITS SUR LA SOCIÉTÉ OU LA SANTÉ ? ENQUÊTE SUR UN MOUVEMENT QUI FLIRTE PARFOIS AVEC LE COMPLOTISME.

•

Gants, lampes, tournevis, pince, briquets, et surtout téléphones bien éteints : les deux hommes ont tout prévu. Ce mardi 16 juin, il est 23 heures à Contes (Alpes-Maritimes) quand ils s'approchent discrètement de l'installation Free mobile du quartier du Castellar. Installée un mois auparavant, l'antenne-relais, haute de 21 mètres, est destinée à émettre bientôt en 5G, technologie présentée comme le prochain standard en termes de réseaux sans fil. Un briquet s'allume. L'antenne-relais commence à s'embraser… Mais l'incendie ne dure guère. Car toute l'opération s'est faite sous l'œil des gendarmes de Marseille et de Nice. Les militaires, en planque, avaient placé des caméras sur ce site déjà dégradé à plusieurs reprises au printemps. Ils arrêtent aussitôt les deux hommes, âgés de 25 ans et originaires du département.

Le fait n'est pas isolé. Depuis ce printemps, les dégradations contre les antennes-relais se sont multipliées, et une épidémie d'incendies s'est répandue à travers l'Europe en parallèle de la pandémie de Covid-19. Partie du Royaume-Uni et des Pays-Bas, la vague a atteint la France. Bretagne, Jura, Isère ou encore Rhône : pour le seul mois d'avril, les services policiers de renseignement ont compté plus d'une vingtaine de dégradations visant les télécoms en France. Selon eux, pas de doute : c'est « l'ultragauche » qui est à la manœuvre. Sur divers forums anti-autoritaires, un manuel du petit saboteur n'est-il pas largement diffusé, sous la forme d'une « recette » en quatre étapes simples ? Sa motivation est claire, anticapitaliste : « Contre la 5G et le monde qui en a besoin. »

Mais l'écho que ce manuel a pu rencontrer est sans commune mesure avec d'étranges rumeurs – parfois venues de Russie, comme l'a noté le Service extérieur de l'Union européenne –, relayées sur les réseaux sociaux par des célébrités comme Juliette Binoche. Début mai, l'actrice partage sur Instagram la vidéo choc d'un médecin s'inquiétant d'un possible fichage médical pour lutter contre le coronavirus. *« Ce sont des opérations organisées par des groupes financiers internationaux (principalement américains), depuis longtemps,* précise-t-elle en commentaire. *Ils manipulent (sans être parano !) : les vaccins qu'ils préparent en font partie. Mettre une puce sous-cutanée pour tous : c'est non. Non aux opérations de Bill Gates, non à la 5G. »* Un gloubi-boulga complotiste qui mêle les préoccupations des « antivax » à celles des antiondes. Selon Rudy Reichstadt, politologue qui a fondé l'Observatoire du conspirationnisme, ces deux mouvances ont bien *« un imaginaire commun complotiste »*. Et certains adeptes n'hésitent pas à établir des ponts thématiques : c'est par exemple ce qu'a fait Thomas Cowan, médecin américain anthroposophe – un mouvement ésotérique d'inspiration chrétienne – en affirmant dans une vidéo largement diffusée que le Covid-19 avait été causé par le déploiement de la 5G. En Angleterre, c'est la diffusion de telles rumeurs qui semble avoir conduit aux incendies d'antennes 5G. *« Il y a de bonnes raisons d'être opposé à la 5G, mais quand on met en avant la santé, on bascule dans autre chose »*, analyse Rudy Reichstadt.

UN « AFGHANISTAN » DE LA TÉLÉPHONIE ?

De ce côté-ci de la Manche, d'autres médecins contestés établissent ce lien : c'est par exemple le cas du professeur Luc Montagnier, Prix Nobel de médecine en 2008 pour ses travaux sur le VIH, devenu depuis le héraut des antivax. Selon lui, les antennes 5G de Wuhan auraient pu contribuer au pouvoir pathogène du coronavirus. Une idée partagée, non sans prudence, par certaines associations antiondes : *« Avec le développement de la 5G et du tout-numérique qui abaissent les défenses immunitaires, on pense que ce type d'épidémie va*

preuves
5G
STOP AUX ONDES

se développer, mais on ne dit pas que c'est à l'origine», indique ainsi Pierre-Marie Théveniaud, président de Robin des toits.

Pas une ligne en revanche sur le site de l'association pour condamner la dégradation des antennes-relais. Un sujet gênant, plutôt tabou dans le milieu. *«Cela peut être tout et n'importe quoi»*, rappelle Sophie Pelletier, la présidente de Priartem, association pionnière sur la surveillance des installations d'antennes-relais. Leurs inquiétudes quant à la 5G se veulent plus raisonnées, et leurs moyens d'action, légaux : outre la question sanitaire, ces associations préfèrent mettre en avant – comme l'astrophysicien collapsologue Aurélien Barrau – le cout environnemental de l'installation de nouvelles antennes, et plus largement le cout énergétique de la technologie, pour justifier plusieurs actions en justice. En février, les associations Priartem et Agir pour l'environnement ont saisi le Conseil d'État, tandis que fin mai, 500 militants écologistes ont assigné les opérateurs mobiles devant le tribunal judiciaire de Paris pour demander une évaluation environnementale et sanitaire de la 5G. L'idée est d'agir vite, avant que les enchères d'attribution des fréquences en France, prévues pour fin septembre, ne donnent le vrai coup d'envoi de la 5G.

Les idées des antiondes infusent : la Convention citoyenne pour le climat, composée de 150 citoyens tirés au sort, a à son tour réclamé en juin un moratoire sur la 5G, bientôt suivie par

les ministres de l'Environnement et de la Santé, Élisabeth Borne et Olivier Véran. L'exécutif, qui ne se voit pas renoncer à cette manne pour le budget de l'État (au minimum 2,17 milliards d'euros attendus), s'est contenté en réponse de demander un nouveau rapport sur les effets sanitaires de la 5G avant les enchères de l'Arcep. De leur côté, les opérateurs s'inquiètent et appellent, comme le patron d'Orange Stéphane Richard, à *«purger»* le débat pour éviter un *«Afghanistan de la téléphonie mobile, où il faudra se battre pylône par pylône, commune par commune pour essayer de mettre la 5G»*.

Pour comprendre les racines de cette contestation, il faut revenir à la fin des années 1990. C'est l'époque du boom de la téléphonie mobile en France, qui voit le taux d'équipement passer de moins de 50 % en 2000 à 95 % en 2018. C'est aussi à cette époque qu'apparaissent les premiers litiges liés aux antennes-relais. Par exemple à l'Ile-aux-Moines, où le compositeur Gabriel Yared – qui compte à son actif le générique du journal télévisé de TF1 et la bande originale du film *37° 2 le matin* – croit avoir déniché le lieu idéal pour trouver l'inspiration. Patatras. Quatre ans après son installation dans le golfe du Morbihan, France Télécom installe un pylône de téléphonie mobile de 16 mètres de haut à deux pas de sa maison ! Une rude bataille judiciaire s'ouvre alors. En première instance, le compositeur invoque avec succès le préjudice esthétique et environnemental. Mais il est ensuite débouté en appel et en cassation. Ce n'est pourtant pas vraiment la vue qui gênait Gabriel Yared. *«Ma famille commençait à avoir de l'eczéma et des réactions dues à la présence très proche de ce pylône»*, expliquera-t-il à France info en 2017, faisant un lien avec la proximité de l'antenne-relais. On est face aux premiers cas d'électrosensibles de France. Près de vingt ans plus tard, les scientifiques peinent toujours à comprendre ce phénomène controversé. Si les symptômes sont réels, leur lien avec l'exposition aux ondes n'est pas prouvé. Quant au désastre sanitaire électromagnétique annoncé, avec notamment la crainte d'une explosion des tumeurs au cerveau, il n'a toujours pas eu lieu, plus de vingt ans après la généralisation de la téléphonie mobile.

VOYAGE À ZURICH

Comme Gabriel Yared, les associations qui s'emparent de cette question s'interrogent d'abord sur la présence des antennes-relais, avant très rapidement d'inclure la question sanitaire dans leur répertoire. Le comité de soutien au compositeur débouchera ainsi sur la naissance en 2000 de Priartem. Deux de ses membres, Étienne et Marc Cendrier, la quittent en 2004 pour aller fonder Robin des toits. L'année suivante, l'agrégée en biologie Michèle Rivasi s'investit dans la création du Criirem (Centre de recherche et d'information indépendantes sur les rayonnements électromagnétiques). Elle prendra ensuite la tête de l'Association Zones Blanches (AZB). La structure milite depuis 2014 pour la création d'un lieu destiné à accueillir les électrosensibles et les chimicosensibles à Durbon, dans les Hautes-Alpes. Autant d'associations fortes de plusieurs centaines à quelques milliers de membres, qui ont réussi à gagner une certaine reconnaissance. Priartem a ainsi été reconnue d'intérêt général et agréée par les ministères chargés de la santé et de l'environnement, tandis que le Criirem a mis en place une formation qualifiante «Rayonnements électromagnétiques» avec l'université du Mans. Priartem, le Criirem et Robin des toits ont enfin leur siège au comité de dialogue «Radiofréquences et santé» de l'Agence nationale de sécurité sanitaire de l'alimentation, de l'environnement et du travail (Anses).

Malgré ce dense réseau militant, rares sont les politiques à se risquer sur le terrain de la lutte contre les ondes. La principale exception est issue de ce même réseau : il s'agit justement de l'eurodéputée écologiste Michèle Rivasi, militante anti-nucléaire, puis anti-ondes venue à la politique par ses engagements associatifs successifs (qui l'ont mené notamment à la présidence de Greenpeace France, en 2003-2004).

NON
A L'IMPLANTATION
DES ANTENNES-RELAIS
INFO/INTOX ?
5G

Numéro deux de la liste EELV aux élections européennes de 2019, elle s'est ainsi rendue en Suisse en septembre 2019 pour un voyage d'études. Le but ? Visiter des immeubles construits pour les électrosensibles et les chimico-sensibles. À Zurich, sa petite délégation venue de la Drôme s'est intéressée aux gaines du sous-sol, au triple vitrage et aux couloirs sans peintures. « *Nous avions tous laissé nos téléphones dans le bus, mais une femme avait oublié son portable éteint dans son sac ; elle a dû le remettre dans le véhicule* », se souvient-elle, interrogée par *We Demain*.

Avant elle, aucun parti politique – pas même le sien, EELV – n'acceptait d'aborder cette question, regrette l'ancienne élue verte du Mans Catherine Gouhier, la secrétaire générale du Criirem. « *Elle a un charisme, une vraie implantation locale et elle porte la question sanitaire, mais ses positions, souvent ambigües, gênent franchement en interne* », ajoute un ancien collaborateur écolo. Il faut dire que Michèle Rivasi a également été accusée en 2019 par Agnès Buzyn, alors ministre de la Santé, de propager des fake news sur les vaccins. Elle traine notamment le boulet de l'invitation au Parlement européen de l'ancien médecin britannique Andrew Wakefield, controversé pour ses prises de position antivax. « *Parler de fake news, c'est une manière antiscientifique d'évacuer le débat,* rétorque l'intéressée. *Mes enfants sont vaccinés, mais comme je pose des questions sur l'efficacité des vaccins, on me range dans les anti. Sur les ondes c'est la même chose. Que fait-on ? On laisse mourir les électrosensibles ? J'essaie au contraire de trouver des solutions.* »

BUSINESS ET MILITANTISME

Sa voix compte d'autant plus que les associations qui s'inquiètent des ondes électromagnétiques n'ont que de maigres ressources financières. Leur mobilisation s'appuie surtout sur un solide réseau de militants bénévoles. Priartem compte un employé à temps partiel, tandis que Robin des toits n'a aucun salarié.

Ce qui n'exclut pas de drôles de mélanges des genres. Le Criirem propose ainsi des prestations de conseil, des expertises et des formations destinées à sensibiliser à « *la problématique des champs électromagnétiques* », à des prix que Gilles Brégant, directeur général de l'Agence nationale des fréquences, qualifie d'« *assez élevés* » – ce à quoi le Criirem rétorque qu'il est seul à les proposer.

D'autres jouent sur la confusion entre business et militantisme. Dénoncé par un militant antiondes, le site POAL (plateforme opérationnelle anti-Linky), qui a tout l'air d'un site engagé, renvoie vers des produits censés filtrer les ondes du compteur communicant Linky, commercialisés par l'entreprise d'un des deux créateurs du site. Autre pratique étonnante : un cabinet d'avocats toulousain propose une action collective en justice contre Linky, souscrivable à partir de 8 euros par mois ! Une démarche curieuse, à la lisière du rôle de l'avocat, qui n'est pas censé faire de démarchage direct. La Mission interministérielle de vigilance et de lutte contre les dérives sectaires (Miviludes) s'inquiète d'ailleurs du marché lucratif qui se développe autour de l'électrosensibilité après avoir reçu une vingtaine de questionnements ces cinq dernières années. « *Des personnes ont signalé des associations qui délivrent des formations et des sociétés qui commercialisent des produits* », confirme sa secrétaire générale Anne Josso.

CONVERGENCE DES LUTTES

Le déploiement en 2015 du compteur communicant d'Enedis a boosté les militants anti-ondes. Ce mouvement a encore une fois pris de court les scientifiques. L'Agence nationale des fréquences a beau rappeler que le Linky n'augmente pas significativement le niveau du champ électromagnétique ambiant, la contestation s'étend. Les collectifs Stop Linky, depuis bien souvent rebaptisés Stop Linky-5G, fleurissent. Et les élus suivent : des communes ont ainsi pris des arrêtés pour entraver le remplacement des anciens compteurs. Le combat est même l'occasion d'une convergence des luttes. À Grenoble, le collectif d'extrême gauche Pièces et main d'œuvre critique ainsi le compteur, accusé de représenter le « *pilotage centralisé de nos villes et de nos vies par la machinerie cybernétique* ».

L'EURODÉPUTÉE MICHÈLE RIVASI A DU CHARISME ET UNE VRAIE IMPLANTATION LOCALE, MAIS SES POSITIONS, SOUVENT AMBIGÜES, GÊNENT FRANCHEMENT CHEZ LES VERTS.

Le spécialiste des questions écologistes et du rapport entre sciences et technique Daniel Boy, directeur de recherche à Sciences-Po, suit ces mobilisations issues des crises scientifiques des années 1990. « *Le point de bascule, c'est les OGM,* note-t-il. *C'est le moment où le Parti communiste et l'extrême gauche se sont rendu compte qu'il y avait une ressource contestataire à capter. Internet favorise ces militants : c'est très facile de monter un réseau d'opposition en rassemblant en un après-midi de la documentation contre les antennes ou Linky.* » Pour des motivations très diverses. « *Les ondes ne sont qu'une question parmi d'autres pour moi,* explique le militant Stéphane Lhomme. *Je suis investi contre le compteur pour diverses raisons, de l'aspect sanitaire au risque d'incendie et à la contestation d'un mode de société qu'on veut nous imposer à marche forcée.* » Et le militant de déplorer la persistance d'un discours complotiste qui « *nuit au combat* ».

« *On peut entendre dans les réunions publiques que les compteurs communicants sont équipés de caméras, mais tous n'y croient pas,* remarque la sociologue Aude Danieli, qui a écrit sa thèse sur la controverse autour du compteur. *Ce n'est pas seulement une question de peur pour sa santé, c'est aussi une critique sociale de cet objet symbolisant la marchandisation.* » Comme chez les militants anti-5G, question sanitaire et question politique se mêlent ici inextricablement. ◆

UN SIÈCLE **EN BOITE**

Armelle Oger

•

LA CRISE SANITAIRE A CHAMBOULÉ COMME JAMAIS NOS FAÇONS DE TRAVAILLER, OUVRANT UN NOUVEAU CHAPITRE DANS LA LONGUE HISTOIRE DU BUREAU. RETOUR EN IMAGES SUR CENT ANS DE MUTATIONS DE CET ESPACE DE TRAVAIL.

•

1906

L'AVÈNEMENT DES COLS BLANCS

Construit cette année-là par Franck Llyod Wright à New York, démoli un demi-siècle plus tard, le Larkin Building a accueilli sous son grand atrium 1 800 employés d'une société de vente de savonnettes par correspondance. Il a introduit de nombreuses innovations aujourd'hui caractéristiques de l'espace de travail « moderne » : air conditionné, murs insonorisés, chaises à roulettes mises au point par l'architecte lui-même – mais aussi disposition « scolaire » des employés, pour une parfaite supervision par leur supérieur hiérarchique. Avec l'ère industrielle, la constitution de grands groupes et l'explosion du tertiaire, banques et assurances installent leurs sièges dans d'imposants immeubles. La vie de bureau se conjugue verticalement pour les cols blancs, qui se doivent de souscrire à la « culture familiale » de leur entreprise.

1920

ET TAYLOR FUT !

Dactylos du service courrier d'une entreprise américaine. En 1889, avec « l'organisation scientifique du travail », l'ingénieur Frederick Winslow Taylor a lancé une profonde mutation, à la recherche d'une efficacité optimale pour une productivité maximale. Déplacements, temps imparti à chaque tâche : tout est mesuré et chronométré, l'activité se fait à la chaine et le salaire au rendement. Division du travail entre conception et exécution oblige, les cadres ont des bureaux fermés tandis que les « espaces de production intensive » doivent accueillir le maximum d'employés.

1959

LE BUREAU PAYSAGER

Fini les portes, couloirs et autres repères traditionnels : dans ce bureau canadien inspiré des travaux des frères allemands Eberhard et Wolfang Schnelle, seules les plantes balisent l'espace généreux accordé aux salariés. Ces derniers bénéficient également d'un mobilier plus ergonomique. L'ouverture de l'espace a pour objectif de favoriser la communication en gommant les codes hiérarchiques. Cette proposition, qui anticipe l'*open space* des années 1980, se veut une réaction «humaniste» à l'effet oppresseur des alignements de bureaux. Elle va séduire l'Europe après avoir conquis l'Amérique du Nord.

Jeff Goode/Toronto Star/Getty Images – Robb Kendrick/Cavan

1967 LE CUBICLE

Engagé par l'entreprise américaine de matériel de bureau Herman Miller, le designer Robert Propst espérait changer la vie des salariés. Pour créer *« un environnement propice à la concentration, le travail mental du bureau n'ayant rien à voir avec celui de l'usine »*, il voulait que l'employé puisse s'isoler sans se couper de ses collègues. D'où son idée de cloisons amovibles permettant un bureau « ni fermé ni ouvert » et offrant une certaine liberté de mouvement. Dans son projet de 1964, l'espace doit être généreux : 20 mètres carrés pour chaque salarié. Mais cette nouvelle organisation de travail, jugée trop dispendieuse par les entreprises intéressées, sera remplacée en 1967 par une version nettement plus économique en termes d'espace, 4 mètres carrés étant finalement alloués à chaque travailleur. C'est le *cubicle* (photo ci-dessus). Immortalisée dans le *Playtime* de Tati (1967), cette déclinaison *cheap* de son idée première navra Robert Prost au point de ne plus vouloir être associé au succès de ce qu'il nommait des *« boites à sardines aliénantes »*.

1974 VILLAGE DE TRAVAILLEURS

Pas d'objectif d'économie d'espace ou de rentabilité pour les bureaux de la compagnie d'assurance Centraal Beheer, installée à Apeldoorn, aux Pays-Bas. Inspiré par les travaux de l'anthropologue Claude Lévi-Strauss, son architecte Herman Hertzberger a voulu construire *«un village de travailleurs où chacun ait le sentiment d'être unique tout en faisant partie d'une communauté»*. Reliées par un noyau central, les 58 petites unités de travail sont flexibles et personnalisables par les huit à dix salariés qui occupent chacune d'entre elles. Non seulement ces derniers peuvent apporter meubles et objets personnels pour la déco, mais leurs familles sont les bienvenues ! Des espaces sont aussi prévus pour prendre un café, se détendre ou organiser une réunion.

1985 L'OPEN SPACE

Réputé «créatif», l'open space *made in USA*, ici mis en pratique dans l'entreprise britannique JCB en 1985, devient dans les années 2000 l'espace de travail d'une majorité de salariés. Bruyants, mal aérés, impersonnels, les immenses plateaux collectifs sont au fil de la décennie remis en cause par des employés souffrant de ne pas pouvoir s'isoler et d'être sous le contrôle constant et stressant les uns des autres. Un sentiment qu'on pourrait résumer par le titre de l'essai à succès d'Alexandre des Isnards et Thomas Zuber : *L'open space m'a tuer* (Hachette, 2008).

1995

PREMIER COWORKING

«Être compatible avec l'avenir» : telle est la devise de C-Base, association qui gère ce lieu de coworking communautaire destiné aux hackers – ou «hackerspace». Leur QG, ouvert à Berlin en 1995, est tout à la fois un lieu de formation (le but premier de l'association est de promouvoir les compétences numériques), d'évènements et de réunion de groupes subversifs comme le Chaos Computer Club, l'une des organisations de hackers les plus influentes en Europe. Leur premier coup d'éclat fut de pirater l'équivalent allemand du Minitel, en 1984.

2015

LE PLUS VASTE

Inauguré par Mark Zuckerberg en mars 2015 à Menlo Park (Californie), le siège de Facebook surplombe un jardin de 4 hectares. Entouré d'espaces privatifs, le plus grand open space du monde – il peut accueillir 2 800 salariés – revisite le genre. Et si câbles et tuyaux sont apparents, ce n'est pas par hasard, mais pour donner un sentiment d'inachevé et ainsi *«montrer le chemin qu'il reste à faire pour connecter le monde»*, comme l'explique le fondateur de Facebook. *«Permettre aux collaborateurs de se sentir comme à la maison»*, telle était, à l'origine, l'objectif du site de Menlo Park. Ces derniers seront bientôt tout à côté de leur *sweet home* : d'ici 2021 devrait en effet démarrer la première phase des travaux du campus de Willow, un village de 1 500 logements avec marché et commerces de proximité, pour permettre aux collaborateurs de vivre à moins de cinq minutes de leur lieu de travail.

De gauche à droite et de haut en bas : Willem Diepraam/Centraal Beheer office building, Apeldoorn. Architect Herman Hertzberger – Raimond Spekking – David Reed/Corbis/Getty Images – Nick Otto/The Washington Post/Getty Images

2002

COFFICE

De plus en plus de salariés travaillent parfois en dehors de l'entreprise. Au café par exemple. Première à surfer sur cette aspiration à bosser où l'on veut et quand on veut, la chaine Starbucks a équipé ses cafés de wifi gratuit en 2002. Dans son sillage, les cafés-coworking ont pullulé.

2020

BOOM DU TÉLÉTRAVAIL

Pratiqué par près de 40 % des salariés du secteur privé pendant le confinement, le télétravail est une des révélations de l'ère post-Covid : selon une enquête Malakoff Humanis publiée en juin, 84 % des salariés voudraient en effet poursuivre l'expérience.

2016

GÉNÉRATION COWORKING

Canapés comme à la maison, baby-foot et cours de yoga pour se détendre, cafétéria végane, les espaces de coworking se veulent d'abord des lieux de vie – à l'image de ceux de l'américain WeWork, numéro 1 mondial du secteur, qui s'installe en 2016 à Paris. Dédiés à l'origine aux start-up, ils accueillent aujourd'hui salariés et indépendants. En Île-de-France, leur nombre a été multiplié par dix entre 2012 et 2017.

2020

MESURES BARRIÈRE

Écrans en plexiglas, masques et gel hydroalcoolique : le bureau post-Covid s'adapte à la pandémie. Réorganisation des flux de circulation, qualité de l'air et… retour des cloisons : privilégier distanciation et convivialité, tel est le nouveau défi des architectes.

Robert Alexander/Getty Images – WeWork - Stéphane Allaman/SIPA – Cushman & Wakefield

... ET DEMAIN

BUREAU FLEXIBLE

Le succès du télétravail entérine celui à venir du « flex office ». Objectif des entreprises : moins de bureaux attitrés, mais plus d'espaces communs pour échanger, se former ou se détendre – par exemple en privilégiant la station debout, comme dans cette installation à la croisée entre l'art visuel et l'architecture de l'agence Raaaf, à Amsterdam !

HORS DES MURS

Contraints de prendre en compte la qualité de vie, les DRH innovent. On travaille désormais aussi dans la nature, comme ces collaborateurs de l'agence d'architecture Selgas Cano, installée près de Madrid, ou au sein de monuments historiques, comme le propose aux entreprises la start-up Be My Space.

Haut : Jan Kempenaers – Bas : Iwan Baan

LA FRANCE SOUS **TECHNO-SURVEILLANCE**

Texte : Clément Le Foll et Clément Pouré
Dessins : Gros

•

EXAMENS TÉLÉSURVEILLÉS, CAMÉRAS THERMIQUES, VIDÉOSURVEILLANCE INTELLIGENTE… PETIT TOUR DE FRANCE DES NOUVEAUX OUTILS SÉCURITAIRES QUI SE SONT IMMISCÉS DANS NOS VIES AVEC LA PANDÉMIE.

•

Lorsque que Mathias Nieps, étudiant en droit public à l'université Panthéon-Assas de Paris, reçoit par mail les conditions de son examen d'anglais à distance, le 27 avril, son sang ne fait qu'un tour : caméra allumée en permanence, obligation de télécharger un programme donnant au professeur accès à son ordinateur et utilisation d'un logiciel d'*eye-tracking* dans le but de *« déclencher une enquête »* si les étudiants *« regardent autre chose que leur ordinateur »*… toutes les mises en garde que cet élu de l'UNEF avait adressées à la direction de sa fac deux semaines plus tôt ont été ignorées par son chargé de TD.

« J'ai dénoncé la situation sur les réseaux sociaux et l'administration a réagi assez rapidement, sourit Mathias, *même si on m'a beaucoup reproché d'avoir fait du mal à l'école. »* Dans la foulée, le chargé de TD se fend d'un long mail d'excuse et rétropédale. Tout est bien qui finit bien ? *« Lors du conseil d'administration suivant,* tacle l'élu étudiant, *l'administration nous a demandé si nous étions d'accord pour que les modalités d'examens dérogent au RGPD* [règlement général sur la protection des données, entré en vigueur dans l'UE en 2018]. *J'ai refusé, bien sûr. »*

« ON SE RETROUVE AVEC DES TECHNOS MILITAIRES, SÉCURITAIRES OU JUDICIAIRES UTILISÉES DANS L'ESPACE PUBLIC ET DE TRAVAIL. »

L'université parisienne n'est pas un cas unique. Pris de cours par le confinement, plusieurs établissements de l'enseignement supérieur se sont dotés d'outils de télésurveillance. Des étudiants d'Aix-Marseille Université et de Paris Dauphine ont composé sous l'œil d'une webcam devenue caméra de surveillance. À HEC, l'administration a d'abord choisi le logiciel américain Proctorio – qui, en vrac, peut accéder à toutes les données de navigation des étudiants, bloquer l'utilisation d'une clé USB ou filmer aléatoirement –, avant de se rétracter à la suite d'un courrier signé par plus d'un tiers de ses étudiants.

La pratique touche aussi le monde du travail. Certaines entreprises françaises utilisent le logiciel américain Hubstaff, qui calcule le temps effectif des salariés en télétravail en enregistrant leurs mouvements de souris. *« Ces logiciels vont se démocratiser en même temps que le télétravail,* prédit l'avocat spécialiste des enjeux numériques Thierry Vallat. *Leur mise en œuvre est très simple pour une entreprise, car il suffit de l'intégrer à sa charte numérique. »*

Autre source d'inquiétude, l'application de traçage numérique StopCovid, lancée par le gouvernement pour lutter contre l'épidémie. Décriée par les défenseurs des libertés publiques, téléchargée par moins de 3 % des Français, elle pourrait notamment être utilisée par des patrons désireux de connaitre la situation médicale de leurs salariés, comme l'expliquait en avril une quinzaine de spécialistes en cryptographie dans un article collectif publié sur le site risques-tracage.fr.

Un autre œil numérique s'est immiscé durant l'épidémie dans le quotidien des travailleurs : la caméra thermique. Dans l'Hérault, Raphaël Marino, gérant de MyConnect, a profité du confinement pour repenser les algorithmes de ses caméras. À l'origine programmées pour détecter les départs de feu, elles traquent

désormais des individus fiévreux donc potentiellement touchés par le Covid-19. Comptez 5000 euros pour ce gadget, qui séduit entreprises et services publics, selon le chef de l'entreprise : *« Nous avons eu des demandes de la part des hôpitaux de Paris, de la Banque de France ou de gros industriels français. »*

CAMÉRAS THERMIQUES

Les caméras thermiques s'invitent aussi dans l'espace public, depuis les aéroports jusqu'à l'école privée Jeanne-d'Arc de Limoges, en passant par le pôle administratif de la ville de Lisses, dans l'Essonne. Interrogé en avril par *Le Parisien*, celui qui est alors maire de la commune, Thierry Lafon (divers droite), se défend de toute stigmatisation des employés municipaux qui seraient fiévreux. *« L'idée, c'est qu'ils aillent consulter un médecin »*, fait-il valoir. Mais cette mode questionne. Pour le Haut Conseil de la santé publique comme pour l'Association nationale de vidéoprotection (AN2V), principal lobbyiste français du secteur, ces caméras thermiques sont couteuses et peu fiables. La CNIL, elle, appelle à la vigilance : le gendarme français du numérique y voit *« le risque de généraliser un sentiment de surveillance chez les citoyens »*, ce qui serait *« susceptible de porter atteinte au bon fonctionnement de notre société démocratique »*.

« On se retrouve avec des technos militaires, sécuritaires ou judiciaires utilisées dans l'espace public et de travail », alerte Maud Barret Bertelloni, militante du Mouton numérique, une association qui recense les technologies de surveillance utilisées pour lutter contre la pandémie.

À Compiègne, dans l'Oise, les désirs technologiques du maire (LR) Philippe Marini se sont focalisés très tôt sur les

drones. Dès 2018, il souhaite faire de la ville qu'il dirige depuis 1987 un lieu d'expérimentation national de leur usage par les forces de l'ordre. Après avoir obtenu l'accord de principe du Premier ministre, Philippe Marini contacte la CNIL en octobre 2018, espérant intégrer l'institution au comité de pilotage du projet. Échec : en janvier 2019, la CNIL rétorque ne pouvoir intervenir *« qu'en qualité de simple observateur. »* Malgré l'abandon de ce projet, Philippe Marini est arrivé à ses fins. Le 15 mars, deux jours à peine avant le début du confinement, le conseil municipal de sa ville vote l'acquisition de trois drones pour équiper la police municipale. Usage invoqué : la *« surveillance publique »*. Contactée par *We Demain*, la mairie de Compiègne s'est contentée de nous communiquer un document sur leur usage.

VIDÉOSURVEILLANCE 2.0

Orléans, Lille, Lyon, Melun, Marseille, Nîmes, Romorantin… à l'image de Compiègne, des dizaines de villes françaises se sont équipées de drones durant le confinement. Utilisés pour diffuser des messages de prévention et appuyer les opérations de contrôles de police, ces aéronefs doivent être autorisés par décret ou arrêté ministériel, après avis de la CNIL. Pour l'avoir oublié, la préfecture de police de Paris a été rappelée à l'ordre en mai. Alerté par La Quadrature du net et la Ligue des droits de l'homme, le Conseil d'État lui a enjoint de cesser « sans délai » d'utiliser des drones dans la capitale. *« Sous couvert de leur utilisation en urgence, la police n'a aucun renseignement à donner sur leurs missions*, s'insurge Martin Drago, juriste à La Quadrature du Net. *Combien de temps volent-ils ? Filment-ils ? Que font-ils des images ? »*

Dans ce domaine, c'est la ville de Cannes qui est allée le plus loin. Son maire (LR) David Lisnard a commencé par déployer des drones pour vérifier le respect du confinement, mais aussi pour vaporiser un spray désinfectant sur le mobilier urbain. Il a aussi été le premier à installer des caméras permettant d'évaluer en temps réel la proportion de la population portant un masque, dans les marchés puis les bus. Une expérimentation menée par la société Datakalab, qui a testé un temps ce même logiciel à la station Châtelet-Les-Halles du métro parisien. Enfin, David Lisnard a couplé ces caméras de surveillance à un logiciel d'intelligence artificielle vérifiant si les personnes respectent les mesures de distanciation sociale. Cette « vidéosurveillance intelligente », déjà en place dans des dizaines de communes françaises comme Roubaix, Nice, Vaulx-en-Velin, Vienne ou Vannes est développée par l'entreprise israélienne Briefcam. Cette dernière a développé un logiciel permettant de regarder une heure de vidéosurveillance condensée en une minute ou d'appliquer des filtres pour conserver uniquement les automobiles, les piétons ou des individus aux vêtements rouges. Une version 2.0 de la vidéosurveillance qui inquiète. *« Nous avions déjà vu des dispositifs similaires avant le confinement*, explique Martin Drago, *mais la crise sanitaire fait que les collectivités les utilisent avec beaucoup moins de honte. »*

COMME COMPIÈGNE, DES DIZAINES DE VILLES SE SONT ÉQUIPÉES DE DRONES DURANT LE CONFINEMENT.

« Il y a une énorme tentation de l'État ou du privé d'utiliser ces caméras, dont le prix s'est démocratisé et qui peuvent avoir énormément d'usages en les couplant à des logiciels d'intelligence artificielle, abonde l'avocat Thierry Vallat, qui ne doute pas qu'elles trouveront d'autres applications après le Covid-19. *Demain, il y aura toujours quelque chose d'autre à surveiller. »*

L'une de ces applications pourrait être la reconnaissance faciale. Équipés depuis 2018 de sas « Parafe » qui utilisent la reconnaissance faciale lors des contrôles aux frontières, les aéroports de Paris souhaitent mener une nouvelle expérimentation pour « fluidifier » le trafic des voyageurs : après avoir présenté leur carte d'embarquement, les passagers volontaires seraient photographiés et pourraient ensuite embarquer de manière autonome, sans présenter aucun document. Prévue à partir de mars, l'expérimentation a été repoussée en raison de la pandémie de Covid-19.

En trame de fond de la diffusion de ces technologies, il y a l'essor de la « safe city » – la ville scrutée par les flux de vidéosurveillance, dont la Chine ou la Russie offrent les exemples les plus aboutis et effrayants (lire *We Demain* n° 30). Si le cadre règlementaire français ne permet pas d'atteindre de tels extrêmes, le développement d'outils « d'hypervision » va bon train dans les entreprises du secteur. Le logiciel Vigilance, lancé le 13 mai par l'entreprise messine Two-i, en est un des exemples les plus récents. Dans une vidéo, elle présente le fonctionnement de cet outil qui dissèque les images de caméras de vidéosurveillance : sur la carte d'une ville jaillissent des alertes en temps réel : « embouteillage », « accident de voiture », mais aussi « fièvre », « station surpeuplée », « absence de masque » ou « distanciation sociale ». En cliquant sur ces points, le contrôleur du logiciel accède au contenu vidéo en live. Des filtres lui permettent de vérifier la température corporelle des citoyens ou de consulter une grande variété de statistiques. Guillaume Cazenave, directeur général de Two-i, précise que cette *« plateforme d'analyse »* a été *« pensée bien avant la crise »*, et, sans donner de nom, ajoute *« qu'elle intéresse plusieurs collectivités »*.

Effet d'aubaine dû à la pandémie ? *« Les crises sont toujours des grands moments pour l'industrie de la sécurité,* rappelle Myrtille Picaud, chercheuse associée au Centre d'études européennes et de politique comparée de Sciences Po. *Face à l'urgence, la surveillance devient plus acceptable et ceux qui s'y opposent moins audibles. »* Acceptable, jusqu'où ? ◆

COVID-19
CES HÉROS DISCRETS QUI ONT TOUT CHANGÉ

Raphaël Meursault

•

ET SI LA PANDÉMIE, EN PLUS DU RETOUR DE L'ÉTAT, AVAIT SIGNÉ CELUI DE LA RÉGION ? EN DIFFÉRENCIANT LEUR STRATÉGIE DE CELLES DE LEURS PAYS, LA VÉNÉTIE, LE KERALA OU ENCORE LES SAMOA AMÉRICAINES ONT CONTENU LE VIRUS DE FAÇON SURPRENANTE. VOICI LES ARTISANS DE CES SUCCÈS.

•

Andrea Pattaro/AFP – Matteo de Mayda/Contrasto/REA

Andrea Crisanti
Professeur providentiel de la Vénétie

Arrivé en Australie pour une conférence, le 20 février, le microbiologiste Andrea Crisanti reprend aussitôt l'avion dans le sens inverse. Il vient d'apprendre que les premiers cas italiens de patients positifs au Covid-19 ont été détectés dans la province de Lodi, en Lombardie, et dans la petite ville de Vo'Euganeo, en Vénétie. À peine rentré, ce professeur à l'université de Padoue, âgé de 65 ans, se rend chez le président de la région Vénétie, Luca Zaia, et réussit à le convaincre de mettre en œuvre sans attendre le plan d'action qu'il a échafaudé dans l'avion. Une stratégie originale de lutte contre l'épidémie, a contrario des opinions d'alors, mais qui va pourtant permettre à la province d'éviter le sort de sa voisine lombarde. Priorité : établir une

“ L'idée générale était de tester l'ensemble de la population, dans un processus dynamique.”

« zone rouge » sur la ville de Vo' (3 000 habitants), qui vient d'être identifiée comme le premier foyer de contagion. *« L'idée générale,* expliquera-t-il en mai au correspondant du *Monde, était de tester l'ensemble de la population, dans un processus dynamique, comme un instrument de contrôle autant que de diagnostic* ». Parallèlement à la maitrise de ce premier *cluster*, l'autre urgence pour Crisanti est l'hôpital de Padoue. *« Avec plus de 1800 lits, c'est le plus grand hôpital d'Italie. Si l'épidémie s'y était déclarée, comme c'est arrivé en Lombardie, ça aurait été un désastre, le virus serait devenu incontrôlable,* assurera-t-il au *Monde. Nous avons décidé qu'il fallait tester tout le monde, les soignants comme les malades. »* Résultat : la contagion qui, en Vénétie, semblait aussi forte qu'en Lombardie, s'est « essoufflée » et, à ce jour le nombre de décès, bien que lourd (2 000) est sans commune mesure avec les 17 000 morts lombards. Toute la Vénétie rend aujourd'hui hommage au chercheur, qu'elle considère comme son homme providentiel.

TESTER, TRACER, ISOLER, AIDER : en ayant anticipé de deux mois les recommandations de l'OMS, l'État indien du Kerala, 35 millions d'habitants, ne comptait en juin que 23 décès dus au coronavirus.

KK Shailaja
La rock star du Kerala

« Il va arriver chez nous ? — À coup sûr, Madame. » Ce 20 janvier, KK Shailaja, la ministre de la Santé de cet État communiste du sud de l'Inde, vient d'entendre parler d'un nouveau et dangereux virus qui se répand en Chine ; aussitôt, elle a téléphoné à un spécialiste de son équipe. La réponse alarmiste de ce dernier agit comme un électrochoc. KK Shailaja, 63 ans, réunit dès le lendemain une petite équipe qui décide des mesures à prendre et ordonne aux responsables médicaux des quatorze districts de l'État d'agir de même à leur niveau. Quand, le 27 janvier, est détecté le premier cas de Covid-19, dans un avion en provenance de Wuhan, le Kerala a d'ores et déjà adopté le protocole que préconisera l'OMS près de deux mois plus tard : tester, tracer, isoler et aider. Au pic de l'épidémie, 170 000 personnes seront strictement confinées sous haute surveillance, dont plus de 20 000 dans des centres d'isolement improvisés. Et en juin, le Kerala, avec ses 35 millions d'habitants, ne comptera que 23 décès dus au coronavirus. KK Shailaja, qui était déjà une célébrité avant le Covid-19, est désormais traitée en rock star dans la presse indienne. Un film, *Virus*, s'est inspiré du rôle qu'elle avait joué en 2018 dans la lutte contre un autre virus meurtrier, Nipah, quand elle s'était rendue dans le village situé au cœur de l'épidémie. De son propre aveu, elle était donc préparée à affronter le Sars-CoV-2. D'autant que le parti communiste – parti au pouvoir dans le Kerala depuis 2016, dont elle est membre – a entrepris un ambitieux programme de modernisation dans le secteur de la santé, avec notamment la création de cliniques spécialisées dans les troubles respiratoires. *« Ajoutez à cela,* dit Shailaja, *le haut niveau d'alphabétisation au Kerala. Les gens comprennent pourquoi ils doivent rester chez eux. On peut le leur expliquer. »* Ce qu'elle ne comprend pas, en revanche, c'est comment des pays aussi avancés technologiquement que les États-Unis et la Grande-Bretagne ont pu enregistrer un aussi grand nombre de décès : *« Ça me sidère. »*

“Les gens comprennent pourquoi ils doivent rester chez eux.”

Brunswick Group – Médaillon : Bangabandhu Sheikh Mujib Medical University

Lolo Malasi Moliga
L'expertise antivirus des Samoa

Gabby Fa'ai'uaso/New York Times/Redux/REA – Médaillon : Samoa News/American Samoa

Aucun cas de Covid-19 ! Certes minuscules (55 000 habitants), les Samoa américaines peuvent se vanter d'être le seul territoire arborant la bannière étoilée à présenter un tel bilan, alors que le pays détient le record mondial du nombre de décès dû à la pandémie. L'isolation de l'archipel en plein Pacifique suffirait à l'expliquer si les iles voisines des Samoa indépendantes n'avaient pas, elles, été touchées par le virus. Un succès à mettre au crédit du gouverneur démocrate, Lolo Matalasi Moliga, dont la réactivité doit beaucoup aux leçons qu'il a tirées de l'histoire sanitaire de ses iles. En 1918, lors de la pandémie de grippe espagnole, le territoire, américain depuis 1900, fut l'un des rares endroits dans le monde à n'enregistrer aucune victime. Grâce – déjà – à l'action radicale du gouverneur de l'époque, qui isola totalement l'archipel. Et ces dernières années, les luttes contre d'autres virus (Zika en 2016, la dengue en 2017-2018 et la rougeole en 2019) ont servi de « répétitions » contre le coronavirus. Chez les voisins des Samoa indépendantes, l'épidémie de rougeole a tué pas moins de 83 personnes en décembre 2019, en majorité des enfants de moins de 5 ans. Dès l'irruption du fléau, Lolo Matalasi Moliga a décrété l'état

> **« Nous étions bien préparés au big one. "**

d'urgence, imposant entre autres la fermeture des écoles et les mesures de distanciation physique, qui seront à nouveau de rigueur à l'apparition du Covid-19. *« Nous étions bien préparés au "big one" »*, se félicite le chef de la petite équipe mise en place par le gouverneur. En plus de ces atouts, Lolo Matalasi Moliga n'a pas tardé à interdire tous les vols extérieurs et à mettre en place une vigoureuse politique de tests. Au début de l'été, les dix lits ayant la capacité de traiter des patients Covid dans l'unique hôpital du territoire demeuraient inoccupés. ◆

«COLLECTIVE SOLITUDE», de May Parlar.

RESPIRER

pages 50 - 75

VOYAGE DANS LA FRANCE QUI S'ENSAUVAGE

Illustrations : Julien Pacaud

•

LA PANDÉMIE ET LE CONFINEMENT ONT FAIT ÉCLORE DES DÉSIRS DE VERT. NÉES DE L'URGENCE CLIMATIQUE, LES ENVIES D'EXODE URBAIN, DE QUÊTE D'ESPACE ET DE LIBÉRATION DE LA NATURE PRENNENT DE L'AMPLEUR, JUSQUE DANS LES URNES. « WE DEMAIN » VOUS EMMÈNE À LA RENCONTRE DE CETTE FRANCE QUI ROMPT AVEC LE BÉTON ET RENOUE AVEC LA NATURE.

•

Verdir sa vie. Quel confiné des villes n'y a pas songé durant les trois mois qui ont paralysé la France ? On ne compte plus les histoires de ceux qui, sitôt délivrés de leurs appartements, ou de retour d'un confinement au vert, ont décidé de passer à l'acte. En exigeant plus de nature dans leur vie (la demande d'appartements avec terrasse et de maisons avec jardin a explosé), voire… en projetant de migrer vers une ville moyenne, plus susceptible d'offrir de l'espace et du vert.

Chez certains, l'envie d'exode s'accompagne de nouveaux projets professionnels, en phase avec la nature, en prise avec les territoires (lire p. 52). D'autres vivent leur échappée verte en restant connectés aux villes grâce au télétravail, partiel ou total. Et si la conquête de la France par l'internet haut débit changeait le paysage, comme l'ont fait en leur temps le chemin de fer ou l'autoroute ? Qui dit nouvelle géographie dit nouveau regard sur la « campagne », où cohabitent agriculteurs (de moins en moins nombreux), néoruraux plus ou moins intégrés à l'économie locale, et tous ceux venus y chercher un nouveau souffle vert (lire p. 54).

Cette nature, certains œuvrent enfin à la libérer, à l'image des mouvements de « réensauvagement ». Rendre leur liberté aux rivières (lire p. 56), aux forêts… Autant d'écosystèmes que la science révèle, année après année, comme cruciaux pour notre santé – et même notre survie (lire p. 60). L'eau, l'air, les arbres : rapprochons-nous-en, mais préservons-les. N'est-ce pas le message qui ressort de la Convention citoyenne sur le climat, avec ses 150 propositions remises à Emmanuel Macron en juin, juste avant un succès écologiste inédit aux élections municipales ? ◆

LES NÉO-RURAUX DU COVID-19

Gilles Luneau

EN NORMANDIE, LA PANDÉMIE A PROVOQUÉ SON LOT DE NOUVELLES ARRIVÉES À EL CAPITAN, UN « TIERS LIEU » QUI ACCUEILLE DES JEUNES, SOUVENT URBAINS, EN QUÊTE DE TRANSITION ET D'INCLUSION À DE NOUVEAUX TERRITOIRES. ILS SE RACONTENT.

Le 14 mai, trois jours après la fin du confinement, Anne-Laure Romanet emménage à Durcet (Orne), village normand de 312 habitants. Cette drôle de période aura eu raison de l'attachement à la ville de cette Parisienne d'origine de 31 ans. Formatrice en insertion professionnelle et en changement d'orientation des jeunes, elle s'est appliqué les conseils qu'elle donnait aux autres : de la cohérence entre les envies, les engagements citoyens, les choix professionnels et le mode de vie. Elle a donc quitté son appartement de la place de Clichy, dans le 18e arrondissement de la capitale, pour une maison en coloc *« à 10 minutes à vélo du coworking El Capitan »*. Objectif avoué, *« en finir avec le grand écart, pour avoir un mode de vie plus respectueux de moi-même »*.

Durant le confinement, le télétravail l'a rassurée sur la possibilité de conserver une partie de ses clients parisiens. Elle en démarche désormais d'autres, sur place, grâce à Territoires en commun, un programme qui facilite l'installation de jeunes néoruraux dans la région. Et se réjouit de pouvoir poursuivre dans son métier *« avec beaucoup moins de concurrence qu'à Paris. »*

El Capitan, lieu de *« coliving et coworking rural »* créé en 2018, entre aussi dans le cadre de ce programme. À l'origine du projet, Igor Louboff, 34 ans, cadre démissionnaire du ministère des Affaires étrangères. Il est bientôt rejoint par Corentin Rio, un étudiant de Flers, la ville voisine, Aline Massy, qui quitte son poste à Suez Environnement, Adrien Desplat, qui largue un job de consultant RSE en Afrique, et Hélène Vuong, qui rentre juste d'Australie, où elle travaillait dans le secteur textile. Leur souhait : créer un sas ville-campagne où l'on puisse débarquer avec son sac et son énergie pour apprendre à se poser en douceur en campagne, sans piétiner les autochtones. Temps de séjour libre. Chacun, selon ses envies et talents, peut s'investir dans Territoires en commun, le grand chantier qui vise à redynamiser le bocage ornais. Une passerelle entre des compétences, des besoins, des envies, des attentes, comme celles de Ségolène Duhamel.

Cette Lilloise de 26 ans s'occupait de « communication éthique » pour des associations de solidarité ou de protection de l'environnement. Elle a *« beaucoup aimé le confinement, avec le ralentissement de la vie urbaine qu'il a causé et la résilience de la nature qu'il a montré. S'installer durablement, faire un peu son nid m'est apparu comme une évidence. »* Prise par l'envie de « savoir » quelque chose de ses mains, elle consacre 40 % de son temps à découvrir les savoir-faire locaux (du paysan au coutelier, en passant par le travail du bois), 40 % à mettre ses compétences (vidéo, réseaux sociaux) au service de Territoires en commun et 20 % à *« se relaxer, profiter de la nature, jouer de la flute. »* De la ville, il lui manque de *« sortir dans la rue pour dire qu'on n'est pas content du système »*. Elle compense largement en s'investissant dans l'action de terrain, mais se demande *« si nous ne sommes pas en train de bâtir deux mondes en train de s'opposer. Un monde où tout va se résoudre avec les nouvelles technologies pour continuer à croitre ; un autre allant vers la décroissance. »*

« S'INSTALLER DURABLEMENT, FAIRE UN PEU SON NID M'EST APPARU COMME UNE ÉVIDENCE. »

NOMADE À VÉLO

Alexandre Leroy, 25 ans, vivait lui aussi à Lille, où il travaillait chez Décathlon. En 2018, il quitte son emploi et son domicile pour devenir *« nomade avec un vélo muni de quatre sacoches »* en comptant sur l'hospitalité des habitants pour se nourrir et se loger. La démarche s'accorde avec l'entreprise de *couchsurfing* pour voyages professionnels (Tepee.pro), qu'il crée alors avec deux amis. Mais le confinement le rattrape et le force à se sédentariser. Il se souvient alors de la visite faite l'été 2019 à El Capitan et y retourne pour s'y confiner

avec une quinzaine de personnes… dont cinq décideront de ne plus repartir. Alexandre est de ceux-là, habité par *« l'envie de s'ancrer, de construire des choses, de réduire le temps de travail, d'aller vers la sobriété »*. Son entreprise lui rapporte un petit smic par mois, qui lui suffit pour faire face au loyer de la colocation (160 euros) et à l'approvisionnement en nourriture dans les circuits locaux. En plus du potager en commun.

À El Capitan, tout le monde est bénévole. Les fondateurs, eux, se rémunèrent au smic via la Coop des territoires, le bureau d'études qu'ils ont créé pour *« rééquilibrer la surdensification urbaine et la démographie vieillissante des territoires ruraux, ramener certains profils indispensables à une dynamique territoriale : paysans, professionnels médicaux, porteurs de projet de tiers lieu »*, explique Igor Louboff. Pour y parvenir, ils lient néoruraux, acteurs, réseaux et élus locaux autour de projets concrets : légumerie bio, ressourcerie, circuits courts agricoles, bois-énergie… tout en entretenant un bouillonnement intellectuel sur la protection et création de biens communs, le partage de ressources, l'économie circulaire, la rénovation de la démocratie. En deux ans, cette ruche où s'activent une cinquantaine de personnes a vu passer, outre 500 habitants du secteur, quelque 300 personnes extérieures au bocage, dont une dizaine se sont installées, avec une accélération ces trois derniers mois (quatre installations). Une autre dizaine de personnes réfléchit à un moyen de les imiter dans les prochains mois, entre recherche de logement, procédure de rupture conventionnelle avec leurs employeurs et montage de projets. L'exode urbain ne fait que commencer. ◆

CES COMMUNAUTÉS QUI PRÉPARENT LE MONDE D'APRÈS

Jean-Jacques Valette

•

POUR EXPÉRIMENTER DE NOUVEAUX MODES DE VIE À LA CAMPAGNE, QUOI DE MIEUX QUE S'UNIR PAR GROUPES D'AFFINITÉ ? DE L'ARDÈCHE À LA DORDOGNE, EN PASSANT PAR L'AUVERGNE, PETIT TOUR DE FRANCE DE CES LABORATOIRES D'AUTOSUBSISTANCE.

•

LES SEMEURS D'ÉCO-VILLAGES

Face au réchauffement climatique, il ne suffit pas d'inventer des modes de vie plus sobres : il faut aussi les rendre désirables. C'est toute l'ambition de 0.6 Planet, une jeune association fondée par un groupe d'ingénieurs et de professeurs d'université qui projette de construire 50 écovillages, du nord de l'Europe au nord de l'Afrique. Le tout en seulement cinq ans, pour servir d'exemples et de terrains d'expérimentation. *« C'est à la fois une expérience scientifique, technologique, sociologique et organisationnelle*, détaille Lionel Montoliu, docteur de Polytechnique et cofondateur de 0.6 Planet. *Si tout le monde vivait comme les Français, 2,7 planètes seraient nécessaires. Il nous faut revenir à 1, voire 0,6 pour permettre à la nature de se régénérer. »*

Lui-même a décidé de changer de vie et de vendre son appartement parisien pour s'installer en Dordogne, où l'association vient d'acheter son premier terrain – un ancien centre équestre de 50 hectares avec 1 000 m^2 de bâti, un étang et 1,5 hectare constructible. C'est ici que 0.6 Planet entend édifier des habitats écologiques pour ses membres coopérateurs, dont une dizaine sont déjà sur place. *« Nous voulons bâtir des communautés de 150 à 300 personnes, avec une grande autonomie. »* L'idée est aussi d'avoir une influence positive sur les territoires, en créant de l'emploi et en offrant des formations, notamment grâce au low-tech, à la production et transformation agricole. Pour se financer, 0.6 Planet mise sur la vente de parts. Compter 80 000 euros pour avoir votre pied-à-terre à la campagne dans une maisonnette écologique… et l'autre pied dans le futur ! ◆

06planet.org

ILS ONT ACHETÉ TOUTE UNE VALLÉE

Devenir proprios d'une vallée ardéchoise de 50 hectares, c'est le pari fou d'une vingtaine d'amis venus d'Ile-de-France. Le maire de Dompnac, 40 habitants à l'année, a accueilli à bras ouverts ces nouveaux administrés. *« On recherchait un terrain pour bricoler, faire des expérimentations et puis aussi camper et faire la fête*, raconte Raphaël Agneau de Selve, programmeur informatique. *Et un jour on est tombé sur cette vallée complètement reculée et sauvage, et pour seulement 50 000 euros, car il n'y a ni eau, ni électricité, ni bâtiments. »* Lui-même est tombé amoureux des châtaigniers centenaires et des anciennes terrasses en pierre sèche qui émergent çà et là parmi les genêts.

« Notre but n'est pas vraiment de fonder un éco-village ou de vivre à l'année. Mais on compte y aller dès cet été pour construire des habitats légers, sans fondations et démontables. Et tendre vers l'autosuffisance, afin de respecter la nature qui nous entoure. » Les maitres-mots sont ici liberté et hétérogénéité. *« Dans notre groupe, il y a des gens de 26 à 48 ans. Du chercheur au CNRS au bénéficiaire du RSA, et pour une fois un peu plus de femmes que d'hommes ! »* ◆ **Lavalleesuspendue.org**

LA VIE SELON RABHI

Fondé en Ardèche en 2011 par Sophie Rabhi-Bouquet, fille de Pierre Rabhi, le hameau des Buis est une référence. Lieu de vie intergénérationnel, pédagogique et écologique, il abrite une cinquantaine d'habitants autour d'une école Montessori.

hameaudesbuis.com

FERME PÉDAGO

De la présentation de la météo à la lutte contre le changement climatique, il n'y a parfois qu'un pas : Fanny Agostini l'a franchi en 2019 en créant en Auvergne la ferme LanDestini. Un lieu qui forme à la permaculture, doublé d'un incubateur de projets pour une agriculture durable.

landestini.org

PIONNIÈRE ANAR

S'il n'est pas toujours facile pour une communauté de survivre au poids des années, Longo Maï y est arrivée. Fondée à Limans (Alpes-de-Haute-Provence) en 1973 par des anarchistes français, suisses et allemands, elle accueille 200 adultes et une cinquantaine d'enfants, a son propre média (Radio Zinzine) et a même créé un réseau de dix lieux, en Europe et jusqu'au Costa Rica !

prolongomaif.ch

VILLAGE COLLAPSO

Existence B est un projet porté par Alexandre Boisson, figure française de la collapsologie. L'idée : 200 personnes issues de toutes les couches de la société française, travaillant à construire un prototype de société plus résiliente et intégrante.

existenceb.fr

LIBÉREZ LES RIVIÈRES !

Emmanuelle Vibert

•

AU XXe SIÈCLE, ON A CANALISÉ LES COURS D'EAU POUR LES RENDRE PRODUCTIFS, ET DÉTRUIT AU PASSAGE DE PRÉCIEUSES RÉSERVES DE BIODIVERSITÉ. DEPUIS UNE VINGTAINE D'ANNÉES, ON ENTAME LE CHEMIN INVERSE. ET LES RÉSULTATS SONT SPECTACULAIRES.

•

Au siècle dernier, on a littéralement emprisonné les cours d'eau. Avec des digues, des barrages, on a tenté d'adapter leur débit, leur tracé à nos besoins. On les a étouffés peu à peu. C'était ignorer que les rivières libres sont des écosystèmes indispensables à la biodiversité et aux cycles de l'eau dont nous dépendons. Alors de plus en plus, on les réensauvage, avec des résultats spectaculaires. Voici l'histoire de quatre rivières françaises emprisonnées, puis libérées.

LE DRAC RETROUVE SES TRESSES

Le Drac prend sa source dans la vallée du Champsaur, au cœur des Alpes, et se jette dans l'Isère près de Grenoble. Dans les années 1950, pour construire les routes de la vallée, on prélève les graviers du vaste lit de cette rivière de montagne. Personne ne songe alors qu'en ôtant les alluvions protectrices, on met à nu la couche d'argile située dessous. Personne ne prévoit que les flots vont creuser l'argile, le Drac s'enfoncer, son lit se rétrécir, provoquant la disparition d'écosystèmes aquatiques et de la forêt alluviale. On ignore alors que les affluents du Drac vont se déconnecter et que la nappe phréatique ne sera plus alimentée.

Deux crues, en 2006 et 2008, aggravent la situation. Les berges s'effondrent, menaçant à terme des maisons, une route nationale et la digue protégeant le plan d'eau du Champsaur. Des acteurs locaux décident de réagir. L'Agence de l'eau, la région Provence-Alpes-Côte d'Azur, le département des Hautes-Alpes, l'Europe apportent les 35 millions d'euros du chantier. Il faut acheter des terrains adjacents sur 4 km en amont de Saint-Bonnet. Et entre 2013 et 2014, des dizaines de camions transportent des graviers des endroits où ils sont en excédent pour les déposer là où ils manquent. Le lit est rehaussé de 4 mètres. Il s'élargit, passant de 10 mètres à plusieurs dizaines, et atteint jusqu'à 250 mètres.

Le Drac retrouve sa morphologie « en tresses », faite de bras qui s'entrelacent et prennent leurs aises, créant des ilots. Et en quelques années à peine, on passe d'une cinquantaine d'espèces d'oiseaux à plus de deux cents. La densité de poissons est multipliée par 50. Les truites peuvent de nouveau rejoindre les affluents du Drac et s'y reproduire. La rivière alpine retrouve sa beauté et son équilibre.

GRÂCE AU CHANTIER, LES TRUITES PEUVENT DE NOUVEAU REJOINDRE LES AFFLUENTS DU DRAC.

À PARIS, LA BIÈVRE S'APPRÊTE À RENAITRE

La maire de Paris, Anne Hidalgo, l'a promis avant le second tour des élections municipales, pour s'assurer le ralliement du candidat écolo David Belliard : la Bièvre, entièrement recouverte dans la capitale, retournera à l'air libre. Ce cours d'eau qui prend sa source à Guyancourt (Yvelines) se jetait autrefois dans la Seine au niveau de la Gare d'Austerlitz, en traversant les 13e et 5e arrondissements. Devenu au fil des siècles un cloaque, réceptacle des eaux usées et des rejets toxiques des tanneries, il est recouvert à partir de 1868 – une gigantesque opération d'aménagement, qui ne prend fin qu'à la veille de la première guerre mondiale.

Mais à l'heure de la crise climatique et de celle de la biodiversité, on considère les rivières citadines d'un œil nouveau. Elles deviennent des ilots de fraicheur et peuvent attirer une faune et une flore précieuses. En témoigne le succès de la restauration du Manzanares, à Madrid, entrepris en 2017. Cette rivière, jusque-là moribonde, est aujourd'hui entourée de roseaux et de saules, fréquentée par des hérons et des martins-pêcheurs… Avant qu'il en soit de même à Paris, il faudra redonner un tracé à la Bièvre et creuser les rues… Vaste chantier !

LA VIENNE RÉENSAUVAGÉE

C'est le premier barrage important détruit en France, de 1998 à 1999, bien avant le mouvement actuel de destruction des ouvrages obsolescents entravant les cours d'eau, partout en Europe. La centrale hydroélectrique de Maisons-Rouges coupait la Vienne, 800 mètres avant qu'elle ne rejoigne la Creuse, en Indre-et-Loire. On avait beau construire des passes pour les poissons migrateurs depuis les années 1920, rien n'y faisait. Saumons et aloses ne pouvaient plus accomplir leur grand voyage depuis l'océan pour frayer en amont. *« Le bassin de la Vienne est le plus grand sous-bassin de la Loire, avec une superficie de 21 000 km²*, souligne le naturaliste Gilbert Cochet dans une étude de 2006 sur la destruction du barrage. *La quasi-totalité de cet immense bassin était donc stérilisée par le barrage. »* Alors, quand l'usine hydroélectrique devient vétuste, on décide de la raser plutôt que de la rénover. *« Les effets bénéfiques de cette destruction se sont fait ressentir sur l'ensemble de la faune aquatique »*, se réjouit Gilbert Cochet. Aussitôt après la fin du chantier, dès juillet 1999, le saumon est de retour ! Mais pas seulement. *« Les populations d'aloses sont passées de quelques dizaines de poissons à 12 000 et, plus spectaculaire encore, les lamproies marines ont passé le cap des 92 000 poissons de retour en 2007, contre quelques dizaines en 1998, un record !*, s'enthousiasme le naturaliste. *La Grande mulette, une moule d'eau douce, des libellules rares comme les* Gomphus graslinii *se sont réinstallés. »*

SUR LA SÉLUNE, LE BARRAGE DE LA DISCORDE

Sur le petit fleuve de la Sélune, qui coule dans la Manche sur 84 km, le barrage hydroélectrique de Vezins était une barrière en béton de 35 mètres de haut et 278 mètres de large. Sa démolition s'est achevée en mai. Ne manque plus, pour la libération complète du cours d'eau, que la démolition du barrage voisin de La Roche-qui-boit, à 4 km en aval : les travaux viennent de commencer et devraient s'achever en 2022.

C'est Chantal Jouanno, alors secrétaire d'État à l'Écologie, qui a décidé cette double destruction, en 2009. Elle lançait ce faisant le mouvement de restauration de la continuité écologique des cours d'eau en France… et dix ans de polémique parmi les riverains ! Aujourd'hui encore, les opposants à la destruction sont nombreux. Des agriculteurs dénoncent des inondations plus rapides, et l'équipe municipale de Ducey-Les Chéris affirme que La Roche-qui-Boit protège des crues et des sècheresses. Dans le camp d'en face, on compte en tout cas saumons, truites arc-en-ciel, brochets et gardons. ◆

DEVENEZ MICROAVENTURIER EN CINQ LEÇONS

Emmanuelle Vibert

•

PARTIR DEUX JOURS PRÈS DE CHEZ SOI, GOUTER AU FRISSON SAUVAGE SANS ALLER À L'AUTRE BOUT DU MONDE POUR AUTANT : MODE D'EMPLOI DE LA « MICROAVENTURE », PLUS QUE JAMAIS À LA MODE DEPUIS LA PANDÉMIE DE COVID-19.

•

1 ALLER AU BOUT DU RER

Évidemment, on oublie l'avion. On préfère le train de banlieue, qui nous cueille dès le vendredi soir à la sortie du bureau, et nous emmène dans la verdure périurbaine. Le site Rando Navigo (randonavigo.fr) propose une vingtaine de randonnées à travers les étangs, les bois, les champs d'Ile-de-France. Chez Chilowé (chilowe.com), sympathique expert de la microaventure, on vous suggère de choisir une nuit sans nuage pour poser votre sac de couchage pas loin d'une gare francilienne, dans la forêt d'Ermenonville par exemple, et d'observer les étoiles. En dehors du RER, le microaventurier adore tous les autres moyens de transport doux : train (pourquoi pas de nuit), vélo, canoë, paddle… Sans oublier la marche à pied !

2 BIVOUAQUER EN PLEINE NATURE

Installer une tente légère au bord d'un lac de montagne ou sur une prairie, se réveiller au milieu de nulle part, c'est le luxe suprême. Le bivouac dans la nature est autorisé sur l'espace public en France… Sauf exceptions ! On évite donc : les routes, les bords de mer, le périmètre des sites classés et des monuments historiques, les zones situées à moins de 200 mètres des points d'eau captée pour la consommation. Et dans les parcs nationaux ou régionaux, on se renseigne, car les règles varient : de l'interdiction pure et simple à l'autorisation sous conditions.

3 EMBARQUER SES ENFANTS

L'âme du microaventurier se forge dès l'âge tendre. Sur le site Petit Bivouac (petitbivouac.com), on trouve des idées d'aventures avec enfants et des conseils qui sentent le vécu : une randonnée à donner le vertige sur la via ferrata du lac de la Rosière, près de Courchevel, les bons spots de ski de randonnée en famille, les trucs pour motiver les petits pendant la marche… Le site de Chilowé est aussi une bonne source. On adore par exemple le récit de la descente de la Loire par un père avec ses deux fistons.

4 TRAQUER L'AUTHENTICITÉ

La microaventure était une tendance – encore accentuée par la pandémie de Covid-19 –, elle est devenue un business. Mais, comme l'écrit sagement Amélie Deloffre, qui tient un site sur le sujet (2jourspourvivre.com), *« l'aventure est un art de vivre. Sitôt qu'on la monnaie, la package, la standardise, elle disparait. »* Pour elle, la microaventure est synonyme d'*« effort, d'autonomie, de simplicité maximale, d'apprentissage et de liberté »*. Ses conseils pour faire partie du club ? *« Passer du temps dans la nature avec le strict minimum pour vivre et s'amuser »*, mais encore *« se lier avec des inconnus : faire du stop, aller dormir chez des gens… parce que les moments d'humanité gratuits et spontanés sont les meilleurs souvenirs que vous garderez »*.

5 SOLLICITER LA COMMUNAUTÉ

Le microaventurier aime suivre son instinct plutôt que les tour-opérateurs. Mais pour être au courant des bons plans, il fait appel à la communauté de ses semblables. Chilowé a créé des groupes Facebook locaux (pour Paris, Lyon, Nantes, Bordeaux, la Bretagne, l'Occitanie, plus un groupe dédié aux « kids »), dans lesquels on échange expériences et infos. Amélie Deloffre propose aussi un groupe sur Facebook, baptisé « L'incubateur de week-ends ». On peut par ailleurs télécharger gratuitement le guide de la revue *Les Others* (lesothers.com/guide-microaventure-france) : 52 pages d'expéditions d'un à quatre jours, à cheval, en surf ou encore et toujours à pied ! ◆

UNE ÉCOLE VRAIMENT BUISSONNIÈRE

En septembre 2018 a ouvert l'école de la Forêt de Chantemerle, à Marsac (Charente). Une première en France, quand ces maternelles dans la nature et leur pédagogie alternative sont répandues en Europe du Nord. Une douzaine d'enfants, de 6 ans maximum, passent la matinée dehors, en toute saison. Il pleut ? Qu'importe, ils enfilent des bottes pour expérimenter l'autonomie, découvrir les champignons et apprendre l'alphabet au milieu des arbres !

RÉVEILLEZ LE CHASSEUR-CUEILLEUR EN VOUS

Avec le botaniste Christophe de Hody, on apprend à dénicher les plantes sauvages comestibles entre les pavés d'Ile-de-France (lechemindelanature.com). Avec François Couplan, ethnobotaniste auteur de nombreux livres, on suit des stages en Suisse ou en Haute-Provence pour découvrir les plantes sauvages des montagnes (couplan.com). Avec la bande de Gens des Bois, des experts passionnés par la vie loin de la civilisation, on s'extrait du monde urbain, en Suisse ou dans les Cévennes, pour apprendre à survivre avec la flore de la forêt, à faire du feu ou à monter un camp (gens-des-bois.org).

MON VERRE CONTRE UNE RÉSERVE NATURELLE

Le Lillois Jan Vanhee s'est lancé en juin un pari très sauvage. Il veut créer une réserve naturelle dans les Hauts-de-France, en faisant du troc pendant un an. Le premier objet troqué est un verre de bière. Vous pouvez proposer de l'échanger contre d'autres objets ou expériences et Jan espère, au bout d'un an, avoir donné suffisamment de valeur à ces échanges pour obtenir un terrain. Il promet d'y créer une microferme en permaculture et d'y laisser tous les droits à la nature. Si vous faites partie des troqueurs, vous y aurez accès à vie.

PETER WOHLLEBEN

« NOUS AVONS RÉALISÉ CE QUE PERDRE LA NATURE IMPLIQUE POUR NOTRE BIEN-ÊTRE »

Entretien : Julien Millanvoye

DEPUIS LA FIN DU CONFINEMENT S'EXPRIME UN PUISSANT DÉSIR DE VERDURE. UNE ENVIE DE S'EN RAPPROCHER, DE LA RESPECTER. DANS UN NOUVEAU LIVRE, L'AUTEUR DU BEST-SELLER MONDIAL « LA VIE SECRÈTE DES ARBRES » EXPLORE LES RESSORTS DE CETTE ASPIRATION ET SES CONSÉQUENCES SUR NOS VILLES ET CAMPAGNES.

Marcus Simaitis/LAIF-REA

L'homme et la nature, **de Peter Wohlleben Les Arènes, 288 pages, 20,90 euros.**

Forestier de profession, l'Allemand Peter Wohlleben a fait changer le regard de millions de lectrices et lecteurs sur la nature, avec son best-seller mondial *La vie secrète des arbres* (Les Arènes, 2017). Son dernier ouvrage, *L'homme et la nature*, paru aux Arènes en juin, explore notre relation à ces créatures ainsi que la façon dont elles communiquent entre elles, échangent, ressentent et pourquoi il nous est impossible de nous en passer. Notre bien-être psychique et physique en dépendrait, tout comme l'enjeu climatique. Après le confinement, l'essayiste affirme que c'est sur la vie sauvage que repose, non pas tant la survie de l'humanité, que son épanouissement.

LA CRISE DU COVID-19 ET LE CONFINEMENT, SEMBLENT AVOIR RÉVEILLÉ CHEZ BEAUCOUP LE DÉSIR DE SE RAPPROCHER DE LA NATURE. AVEZ-VOUS PERÇU CETTE ASPIRATION ?

Oui. Je pense vraiment que sur ce point nous avons assisté à un bouleversement très rapide de la société. Première remarque : nous avons pu observer que, dès que l'on a su qu'il serait impossible de se déplacer durant plusieurs mois, un grand nombre de personnes se sont précipitées vers les campagnes pour un confinement plus confortable. Pendant cette période, elles se sont de fait rapprochées de la nature. Second point : L'inquiétude écologique grandit, parce que nous avons pu voir quelles conséquences pouvait avoir sur nos existences un minuscule virus, alors même nous modifions en profondeur les paramètres les plus colossaux de la nature : la température et la concentration de CO_2 dans l'atmosphère, entre autres. Les effets concrets de tels changements sont désormais un peu plus imaginables.

Par exemple, en Allemagne, le plan de soutien économique spécial Covid exclut de fait toute subvention à l'industrie automobile… sauf pour les véhicules électriques. C'était impensable voilà quelques années. De plus, et c'est crucial, l'Europe envisage enfin de faire preuve de solidarité interétatique. Pour moi, c'est lié à la question environnementale car le plus important est d'agir ensemble, de coopérer, de ne pas être en compétition entre pays ou entre individus. C'est un nouvel état d'esprit. Je ne sais pas s'il durera très longtemps, mais il existe, et il diffère singulièrement de celui qui prévalait avant le coronavirus. D'une manière générale, les régulations européennes avancent dans le bon sens. Quand j'entends parler d'un projet de « Green New Deal » européen, je reprends espoir. Je cesse de voir la vie en noir, je la vois en vert *[rires]*.

Et puis, nous avons pu expérimenter ce que signifie la liberté, la liberté de voyager, mais aussi de profiter de la nature. Ou plutôt : ce que la perdre implique pour notre bien-être. Selon moi, le confinement a poussé beaucoup de gens à repenser leur relation avec la nature. À prendre conscience que notre avenir repose sur notre capacité à en prendre soin. Je suis donc très optimiste sur ce qui nous attend.

L'URBANISATION DE NOS SOCIÉTÉS EXPLIQUE-T-ELLE SELON VOUS LA PANDÉMIE ? OU EST-CE TROP TÔT POUR LE DIRE ?

Non, ce n'est pas trop tôt pour le dire, c'est certain au contraire. Bien sûr, les scientifiques ne sont pas encore en mesure d'affirmer d'où exactement est parti ce virus. Mais il est factuel que détruire la nature revient à ouvrir de nouveaux écosystèmes, dans lesquels existent des virus et des bactéries inconnues. Les virus les plus redoutables nous arrivent tout droit de l'espace sauvage, de notre interaction avec lui, à mesure que nous le défrichons. L'origine de cette pandémie, c'est la façon dont nous avons cru pouvoir tout gérer, tout dominer. Nous constatons que ce n'est pas le cas.

POURQUOI LA NATURE NOUS FAIT-ELLE AUTANT DE BIEN ?

Nous sommes ce que nous sommes parce que nous pouvons manger des aliments cuits. C'est la raison principale qui explique le développement de notre cerveau, donc de notre espèce. Or pour cuire des repas, nous avons besoin de bois et pour le bois, nous avons besoin des arbres. Cette relation dure depuis des millions d'années. Ce n'est donc pas une surprise si l'évolution nous a conduits à aimer la proximité des forêts et des arbres. Les exemples sont multiples. Au contact de la nature, notre système immunitaire se renforce. Dans les hôpitaux, les patients se remettent plus vite si, par la fenêtre de leur

« L'origine de cette pandémie, c'est la façon dont nous avons cru pouvoir tout gérer, tout dominer. »

chambre, ils ont vue sur des arbres plutôt que sur un mur. Une étude menée à Toronto *[*Nature*, juillet 2015]* démontre également que, en ville, les personnes habitant des rues arborées vivent plus longtemps que les résidents de quartiers dépourvus de végétation. Pour ne citer que ces quelques exemples.

DONC, LA NATURE, C'EST BON POUR L'ESPRIT PARCE QUE C'EST D'ABORD BON POUR LE CORPS ?

Exactement.

POURTANT, SI NOUS AIMONS LES FORÊTS PARCE QUE NOUS AVONS TOUJOURS EU BESOIN DE FEU ET QUE LES ARBRES BRULENT BIEN... C'EST UN PEU CONTRADICTOIRE, NON ?

Oui, bien sûr, mais ça s'explique. Nos ancêtres ont dominé le feu voilà environ 1,5 million d'années, peut-être il y a plus longtemps encore. Mais à l'époque, ils ne détruisaient pas les forêts, ils se contentaient de couper des branches. C'est cela, notre vrai rapport aux arbres. Pendant la majeure partie de notre présence sur Terre, profiter du feu et en même temps des forêts n'avait rien de contradictoire. Sans parler des réserves de gibier qu'elles constituaient. Conserver les forêts était vraiment ce que nous avions de mieux à faire, pour prospérer.

Il en est allé ainsi jusque vers l'an 1000, à peu près. Là, nous avons commencé à raser des forêts entières. Mais le véritable tournant, c'est la révolution industrielle. Nous avons commencé à utiliser le charbon, pour fondre les minerais de fer, pour fabriquer du verre, pour utiliser leur énergie et c'est à ce moment-là que nous avons décidé que nous ne faisions pas, ou plus partie de la nature. Nous nous sommes engagés sur un autre chemin, qui impliquait sa destruction et sur lequel nous cheminons encore. Désormais, nous faisons du feu partout, tout le temps. Chaque habitation a ses feux, pour l'alimentation, pour le chauffage ; chaque voiture repose sur un moteur à explosion ; on peut les voir comme autant de feux brulant en permanence. Le feu est complètement naturel, les incendies font partie intégrante des forêts, mais nous utilisons cette puissance d'une manière qui n'a jamais été celle de la nature, en consumant les ressources à outrance : c'est exactement ce principe qu'il nous faut changer, si l'on veut survivre.

POUVONS-NOUS COMMUNIQUER AVEC LES ARBRES ? CETTE IDÉE, QUE VOUS EXPLOREZ DANS VOTRE LIVRE, NE RELÈVE-T-ELLE PAS DE LA MAGIE, PLUTÔT QUE DE LA SCIENCE ?

Dire que les arbres sont capables de communiquer entre eux n'est pas du domaine de la folie. Ce qui peut le laisser penser, c'est une erreur majeure, historique, d'interprétation. Nous avons longtemps pensé que le monde était divisé entre humains, animaux et végétaux, ce qui se conçoit tout à fait, mais surtout que l'on pouvait en déduire une hiérarchie, au sommet de laquelle on trouverait, oh surprise, nous ! Nous les humains, avec nos émotions et notre intelligence. Mais il s'avère que penser la nature en termes de hiérarchie est tout simplement faux.

« Nous savons que les arbres apprennent, qu'ils ont une mémoire, même si nous ne savons ni où ni comment ils stockent leurs souvenirs. »

La nature est diverse, faite de très nombreuses espèces, mais cela ne signifie pas qu'elles ne sont pas intelligentes, qu'elles ne peuvent pas ressentir la douleur, qu'elles sont incapables de prendre des décisions. Nous savons par exemple que les arbres apprennent, qu'ils ont une mémoire, même si nous ne savons ni où ni comment ils stockent leurs souvenirs. Nous savons que les plantes entendent, littéralement, réagissent au son d'insectes nuisibles, et se comportent en conséquence. La recherche universitaire commence à employer le terme de « neurobiologie » des plantes.

Cette idée fausse de hiérarchie explique comment nous avons traité les animaux : cela a donné l'élevage industriel, parce que nous avons longtemps cru que ceux-ci ne pouvaient pas ressentir la douleur. Que leurs réactions n'étaient que des réflexes. Jusque dans les années 1970, les bébés humains subissaient des opérations chirurgicales sans anesthésiants, simplement parce que les scientifiques pensaient que les bébés non plus ne pouvaient pas ressentir la douleur, que leurs réactions n'étaient là aussi que de purs réflexes. Tout cela vient du même concept de hiérarchie des espèces. Or c'est un concept totalement étranger à la nature. Elle est diverse, on peut déterminer différentes espèces, les compter, les classer par catégories, mais estimer que certaines seraient supérieures à d'autres n'a rien de scientifique. C'est religieux, une vision religieuse du monde. C'est en raison de cette tradition que parler de sensations ou d'intelligence des arbres, affirmer qu'ils communiquent entre eux et que nous pouvons ressentir leur communication, étonne.

AVEZ-VOUS ESSAYÉ DE COMMUNIQUER AVEC LES ARBRES ? SI OUI, AURIEZ-VOUS DES CONSEILS POUR NOS LECTEURS ?

Pour la recherche universitaire, les arbres communiquent entre eux, et nous pouvons percevoir cette communication. Mais il nous est impossible d'entrer réellement en communication avec eux. Donc non, je n'ai aucun conseil à donner pour discuter avec un arbre, parce que je me fie à la science. Dans l'état actuel des connaissances, nous ne pouvons pas communiquer avec eux. Tout ce que je peux dire, c'est que, quand on va en forêt, on ressent le fait qu'eux communiquent.

L'odeur si agréable des pins vient des signaux qu'ils échangent entre eux, sous forme de molécules – et cela fait baisser notre tension artérielle. Nous ressentons en nous le fait qu'ils communiquent entre eux… Mais c'est à sens unique : les arbres peuvent communiquer entre eux en émettant et en recevant des signaux, les humains peuvent recevoir ces signaux, mais sont incapables d'en émettre en retour. De plus, le rythme du règne végétal est mille fois plus lent que le nôtre. Même si l'on pouvait communiquer, ça se passerait sans doute comme avec les Ents du *Seigneur des Anneaux [rires]* : il faudrait une bonne semaine rien que pour dire « Bonjour ».

SI LES VÉGÉTAUX SONT DES ÊTRES SENSIBLES, IL EST BARBARE DE LES MANGER… MAIS COMMENT VIVRE, ALORS ?

C'est une question à laquelle un bon scientifique ne peut pas, ne doit pas répondre. Le travail des scientifiques n'est pas de dire comment vivre, c'est de décrire la vie. C'est de dire : « voilà ce que dit la recherche », et rien d'autre. Or ce que l'on sait, c'est que nous sommes des animaux et que c'est précisément sur la question de l'alimentation que réside une différence majeure entre animaux et végétaux. Les plantes savent générer elles-mêmes leur propre nourriture, à partir du soleil. Les animaux, non.

Pour moi, la question est donc surtout : comment traiter les uns et les autres ? J'estime donc la question du droit des plantes tout à fait raisonnable. Comment devons-nous traiter les plantes, tant qu'elles sont en vie ? À mon sens, il n'y a aucun problème à les utiliser pour nos besoins quotidiens. Il est d'ailleurs préférable de manger des plantes plutôt que de la viande, car celle-ci est une cause absolument majeure du changement climatique. 70 % des terres agricoles européennes sont consacrées à l'élevage, et c'est pour cela que l'on rase impitoyablement les forêts tropicales qui sont essentielles pour notre avenir, pour la pluie, l'eau, le climat, et même pour rafraichir diverses régions du globe : la différence de température ressentie peut atteindre, entre une grande ville et une forêt, jusqu'à 15 °C. C'est d'ailleurs une bonne nouvelle concernant le changement climatique : si nous laissons faire la nature, elle en réduira les conséquences.

C'est pourquoi nous devons la traiter avec respect. C'est-à-dire, en premier lieu, lui laisser la place de s'épanouir, pour notre propre bien. Je ne mets pas les droits des plantes au-dessus de ceux des humains. Mon point de vue sur la question, c'est : « Les humains d'abord ! »

LA QUESTION D'INSCRIRE DANS LA CONSTITUTION UNE FORME DE DROIT DE LA NATURE, AVEC LE CRIME D'ÉCOCIDE, SE POSE EN FRANCE. DEVONS-NOUS ALLER JUSQUE-LÀ ?

Je n'ai pas suivi les questions françaises d'assez près pour m'exprimer à ce sujet. Mais ce genre de lois est de plus en plus fréquent. Regardons les projets de « rues fraiches » ou de « zones de protection climatique » à Vienne, en Autriche, qui consistent à mieux gérer l'environnement, mais aussi les sources d'énergie. Ou les projets de forêts urbaines aux Pays-Bas. La nature en bénéficiera, mais les villes et leurs habitants aussi. C'est comme ça qu'il faut envisager l'avenir. À Paris, vous avez des parcs absolument merveilleux, qui sont maintenus en parfait état par des jardiniers, et c'est aussi quelque chose de sublime. Mais il faut envisager plus d'endroits où la nature serait laissée à elle-même, où elle pourrait se développer sans intervention humaine.

DE LA FORÊT EN VILLE, DONC ?

Oui. Aujourd'hui, si l'on vit dans une capitale, il faut conduire une heure ou deux pour profiter de la nature. Dès lors, beaucoup de personnes y renoncent et préfèrent aller au cinéma, par exemple. C'est très bien, le cinéma, j'adore ça aussi, mais ça ne peut suffire et cela contribue au véritable divorce que nous voyons entre la ville et la nature.

Beaucoup de gens pensent que la ville est la nature sont deux choses différentes, mais pour moi, la ville n'est qu'une autre forme de la nature, un peu étrange, avec beaucoup de pierre certes, mais la pierre reste de la pierre. Pour les oiseaux ou les renards, la ville, c'est de la nature, avec simplement une roche plus cubique et plus répandue qu'ailleurs. Il faut aller vers plus de verdure et moins de trafic routier dans les villes. Elles pourraient devenir des endroits naturels absolument merveilleux.

TOUT EN PRÉSERVANT LES ENVIRONNEMENTS SAUVAGES EXISTANTS… LES LAISSER TELS QUELS, VOIRE RECRÉER DES FORÊTS PRIMAIRES, C'EST POSSIBLE ?

Bien sûr que c'est possible. Reproduire une forêt primaire c'est possible, mais ça prend très, très longtemps. Des centaines d'années, au moins. Raison de plus pour commencer dès aujourd'hui, et ne pas attendre encore dix ou vingt ans.

Et tout faire pour que les pays cessent de détruire les leurs, ou de les humaniser à outrance. Aujourd'hui, on estime que des centaines de milliers, peut-être des millions, de bactéries nous sont inconnues : le Covid-19 devrait nous faire réfléchir au risque que l'on prend en les libérant. Nous devons cesser de considérer le bois comme un produit jetable. Et atteindre un point où, entre nature et ville, il n'y aurait plus de frontière évidente. ◆

> *« J'estime la question du droit des plantes tout à fait raisonnable. Comment devons-nous les traiter tant qu'elles sont en vie ? »*

Marcus Simaitis/LAIF-REA

« JE NE TRAVAILLERAI JAMAIS POUR TOTAL »

Texte : Clément Le Foll
Photos : Michel Setboun

•

CHEZ LES ÉTUDIANTS INGÉNIEURS, LA RÉVOLTE GRONDE. PAS SEULEMENT CONTRE LE GÉANT DU PÉTROLE, MAIS CONTRE TOUTES LES ENTREPRISES ACCUSÉES D'INACTION CLIMATIQUE. DES ASSOCIATIONS ÉTUDIANTES MILITENT AUJOURD'HUI POUR QUE POUVOIRS PUBLICS, ÉCOLES ET ENTREPRISES CHANGENT DE MODÈLE. NOUS LES AVONS RENCONTRÉES.

•

Diplômé des Arts et Métiers depuis quelques mois, Antoine Trouche a bien changé depuis son arrivée dans la prestigieuse école d'ingénieurs parisienne. Lui qui rêvait de participer à la conquête spatiale travaille désormais aux hôpitaux de Paris (AP-HP), avec une tout autre vision de la société. *« Aujourd'hui, ça serait incohérent de travailler pour un constructeur ou même de prendre l'avion »*, explique-t-il. Pour lui, ce changement de perspective a eu lieu durant ses études, au fil des lectures, des conférences et recherches sur le sujet.

Souvent sensibilisés aux enjeux climatiques dès leur enfance, les étudiants ingénieurs que nous avons interrogés parlent tous de leur *« bascule »*, ce moment où leur engagement s'est ancré dans leur quotidien. Chez certains, elle peut être radicale. Diplômés de l'ENSGSI, une école nancéienne aux valeurs humanistes, Antoine Teillet et Manon Wolff ont été profondément marqués par la crise des Gilets jaunes ainsi que par les images de la déforestation en Amazonie. À peine diplômé, le couple a tourné le dos à l'ingénierie. *« Nous voulons aider la société et générer de l'intelligence collective au profit de notre planète »*, expliquent-ils. Tous deux projettent aujourd'hui de s'installer à Belvès, en Dordogne, avec comme objectifs de parvenir à une autonomie énergétique et alimentaire – et à terme d'y installer une recyclerie, un *fablab* et un tiers lieu de formation pour les habitants du village.

Voilà quelques années que la mobilisation des étudiants ingénieurs en faveur de l'environnement

ANTOINE TROUCHE (au centre) avec quatre camarades du collectif Pour un réveil écologique, dans le quartier de La Défense, à Paris. Le collectif a lancé en septembre 2018 un appel signé par plus de 32000 étudiants issus des plus grandes écoles françaises.

s'intensifie. Le phénomène, difficile à quantifier, se traduit par l'émergence d'associations écologiques dans les écoles comme au-dehors. La principale de ces associations est le collectif Pour un réveil écologique, qui a lancé en septembre 2018 un manifeste appelant la société à se réveiller face aux enjeux écologiques. Plus de 32 000 étudiants l'ont signé, issus des plus grandes écoles françaises : HEC, Polytechnique, Pont ParisTech, Centrale ou Les Mines.

CHASSE AU GREENWASHING

Depuis, le collectif poursuit son action, interpelant les établissements sur la place qu'ils accordent aux enseignements liés à la transition écologique, mais aussi les entreprises sur leurs engagements concrets. C'est ainsi que deux de ses membres sont intervenus en aout 2019 à l'université d'été du Medef. Le ton est direct, le propos d'une radicalité inhabituelle lors de ce grand raout du patronat français : *« Nous sommes ici pour vous dire que vous allez rencontrer un risque de recrutement des jeunes diplômés si vos entreprises ne réagissent pas »*, lance l'un des porte-paroles du collectif. Les patrons présents repartiront avec des devoirs à faire à la maison, sous la forme d'un questionnaire sur leur politique environnementale. Comptabilité carbone, impact des activités sur la biodiversité : les questions ne laissent aucune place à l'approximation. Trois mois plus tard, le collectif publie sur son site Internet les réponses détaillées des entreprises (parmi lesquelles BNP, Engie, Total…), ainsi que les noms de celles qui n'ont pas donné suite (Airbus, Amazon, Dassault…).

Objectif de ces informations : aider les jeunes ingénieurs à distinguer les sociétés véritablement engagées sur le sujet de celles qui se cachent derrière du greenwashing. Des questions auxquelles Sébastien Jacqmart, recruteur au sein du groupe de conseil en ressources humaines Menway, est de plus en plus confronté : *« Il y a une préoccupation grandissante des étudiants sur cette thématique, dès les premières phases d'entretiens. Certains ont des questions très précises sur le bilan carbone de l'entreprise ou sa politique environnementale pour les années futures. »*

Changement de paradigme assumé, certains étudiants n'hésitent plus à bouder les entreprises qu'ils estiment frileuses sur les questions environnementales. *« Je compte naturellement faire un travail avec une visée écologique, et ça ne sera pas forcément dans un grand groupe »*, avoue Lou Valide, étudiante à l'École polytechnique. L'avis d'Alexandre, élève des Arts et Métiers, est encore plus tranché : *« Il est évident que je ne travaillerai jamais pour Total. »*

DIPLÔMÉ des Arts et Métiers, Antoine Trouche estime aujourd'hui qu'il serait pour lui *« incohérent de travailler pour un constructeur ou même de prendre l'avion »*.

Immédiatement évoquée lorsque l'on pense aux rapports entre multinationales et transition écologique, la société Total jouit d'une réputation contrastée chez les ingénieurs. En juin 2019, sa nomination comme parrain de la promotion 2022 de Télécom Paris a été contestée par les étudiants, qui ont fait circuler une pétition. L'école a réussi à éteindre l'incendie, soulignant les compétences en datascience et en intelligence artificielle du pétrolier. En mars 2020, c'est l'installation d'un nouveau centre de recherche et d'innovation de Total sur le campus de Polytechnique qui a suscité la défiance des élèves envers la direction. Lors d'un vote organisé par les représentants des élèves, 61 % des promotions 2017 et 2018 se sont prononcées contre le projet, qui a malgré tout fini par être validé par la direction en juin – sans éteindre la contestation.

En dernière année à Polytech Tours, Louis Bonnet n'a quant à lui pas opté pour le boycott, même

s'il admet *« avoir beaucoup hésité »*. Il est actuellement stagiaire chez Quadran, filiale électricité verte de Total. *« Le fait que Quadran soit assez détaché de la direction générale a notamment fait pencher la balance »*, argumente l'étudiant. Il rappelle les engagements récents de la multinationale française, dont l'ambition, à l'image de beaucoup d'entreprises, est d'atteindre la neutralité carbone en 2050. *« Je peux comprendre ceux qui boycottent, mais je leur conseille de faire un stage pour voir le fonctionnement interne de l'entreprise »*, conclut Louis Bonnet.

« JE COMPTE NATURELLEMENT FAIRE UN TRAVAIL AVEC UNE VISÉE ÉCOLOGIQUE, ET ÇA NE SERA PAS FORCÉMENT DANS UN GRAND GROUPE. »

« ABOLIR LE TRAVAIL »

La bascule peut également intervenir lors d'un passage par l'un des cursus alternatifs qui commencent à essaimer. En 2019, Alexandre, des Arts et Métiers, intègre pour un stage le laboratoire « décroissant » Cargonomia, situé à Budapest. Au programme : récolte de légumes, conception de vélos pour les acheminer aux habitants ou projet de reverdissement d'un parking. *« J'ai pu réaliser ces activités émancipatrices qui font aussi intervenir des capacités d'ingénierie, tout en pouvant en vivre un peu pendant le stage,* raconte-t-il. *Cela a nourri ma critique du monde du travail. Aujourd'hui, j'aimerais que l'on abolisse le travail comme seule forme de socialisation possible pour les individus. Cela ne sous-entend pas la fin de toutes activités productrices de richesse matérielle, mais la volonté de s'émanciper de la valeur économique, et ceci de façon collective. »* De telles formations existent aussi en France : en Seine-et-Marne, le « campus de la transition » propose aux diplômés de suivre une formation de deux mois axée sur le changement climatique et les modèles alternatifs à la croissance.

Moment de réflexion sur le futur de notre société, la crise sanitaire a renforcé l'engagement de ces étudiants ingénieurs, comme l'explique Cyprien Brabant, étudiant en quatrième année à l'Estaca, école spécialisée dans les transports. *« Ça m'a boosté de voir comment le monde a réagi à une crise qui ne représente pas grand-chose face au changement climatique. »* En mai, le collectif Pour un réveil écologique a lancé un appel commun à la reconstruction à destination des décideurs publics. Plus de 70 organisations s'y sont ralliées, notamment des associations étudiantes comme la FAGE, l'Association nationale des étudiants en médecine de France, le NOISE... Revendications de cet appel : la pérennité des activités essentielles assurées par le service public, le développement massif des métiers nécessaires à une reconstruction écologique et sociale, et à l'inverse le ralentissement des secteurs menant à des désastres.

Mises en cause pour leur laxisme au début du mouvement par les étudiants, les écoles d'ingénieurs se saisissent peu à peu des problématiques environnementales. En septembre 2019, une proposition de loi portée par les députés écologistes Matthieu Orphelin et Delphine Batho et soutenue par de nombreuses associations étudiantes, notamment par le collectif Pour un réveil écologique, visait à rendre obligatoire l'enseignement du dérèglement climatique dans les formations post-bac. Alors qu'ils cantonnaient ces cours à des modules facultatifs, les établissements les replacent au cœur de leur projet. En juin 2019, Polytechnique a ainsi pris cinq engagements en faveur du développement durable, comme la création d'Energy4Climate, centre pluridisciplinaire de recherche sur la transition énergétique. Au sein du groupe INSA (qui englobe les sept instituts nationaux des sciences appliquées), la mutation a été lancée il y a quelques mois par certains élèves, réunis dans des groupes sur la transition au sein de chaque département de l'établissement. *« Nous avons beaucoup échangé avec eux lors de groupes de travail,* révèle Christian Olagnon, directeur de la formation à l'Insa Lyon. *L'objectif validé il y a quelques semaines est que toutes nos formations obtiennent le label "développement durable et responsabilité sociétale". »*

Mais l'une des interrogations soulevées par la crise sanitaire est plus pragmatique. Ces ingénieurs engagés pourront-ils s'épanouir dans des jobs liés à l'environnement, ou la crise économique les contraindra-t-elle à accepter une offre moins en adéquation avec leurs convictions ? *« L'offre et la demande vont être bouleversées et je pense que les étudiants vont être moins exigeants concernant la responsabilité sociétale des entreprises »*, prédit Sébastien Jacqmart, recruteur au sein du groupe de conseil en ressources humaines Menway. Si elle admet s'être posé la question, Lou Valide, de Polytechnique, se veut sereine : *« On aura peut-être moins de marge de manœuvre, mais vu les discussions sociétales qui ont émergé pendant le confinement, la transition écologique va rester une préoccupation majeure des entreprises. »* ◆

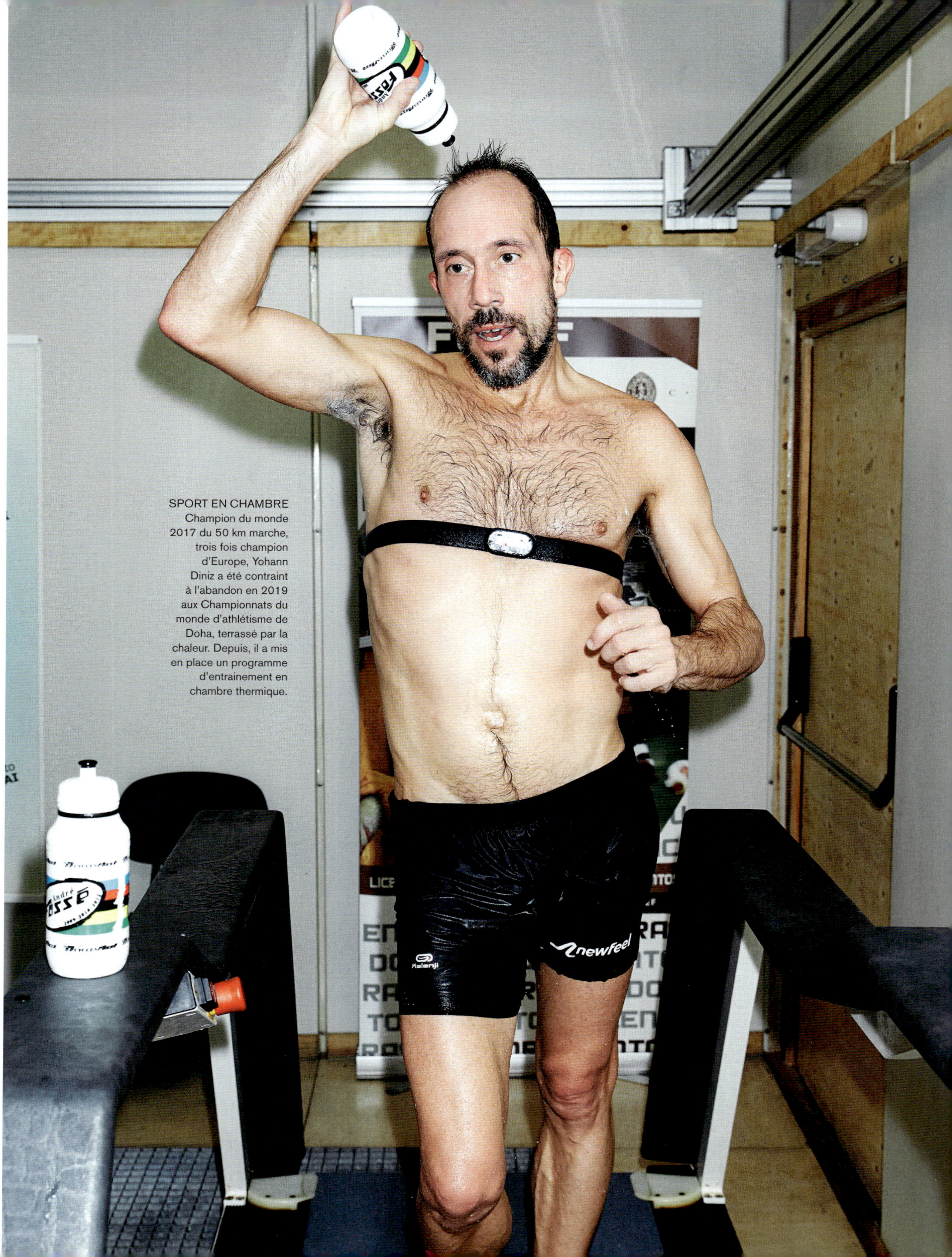

SPORT EN CHAMBRE
Champion du monde 2017 du 50 km marche, trois fois champion d'Europe, Yohann Diniz a été contraint à l'abandon en 2019 aux Championnats du monde d'athlétisme de Doha, terrassé par la chaleur. Depuis, il a mis en place un programme d'entrainement en chambre thermique.

CLIMAT

LES ATHLÈTES SE PRÉPARENT À SOUFFRIR

Mathilde Doiezie

LA HAUSSE DES TEMPÉRATURES LIÉE AU CHANGEMENT CLIMATIQUE DEVIENT UN OBSTACLE SUPPLÉMENTAIRE POUR LES SPORTIFS DE HAUT NIVEAU. POUR MIEUX S'Y ADAPTER, ILS SONT DE PLUS EN PLUS NOMBREUX À S'EXERCER EN CHAMBRE THERMIQUE, COMME YOHANN DINIZ, STAR FRANÇAISE DE LA MARCHE.

Ce 28 septembre 2019, aux Championnats du monde d'athlétisme de Doha, il fait encore 32 °C à 23 h 30, lorsque le départ du 50 kilomètres marche est donné. Le taux d'humidité de l'air est de 75 %. Après 16 kilomètres péniblement parcourus en une heure et vingt minutes, le Français Yohann Diniz, champion en titre et détenteur du record du monde, abandonne, mis K.-O. par la chaleur. « *J'étais en péril,* se souvient-il. *J'avais l'impression de respirer de la vapeur d'eau. Comme si j'étais au-dessus d'une casserole en ébullition ou dans un hammam. Je n'avais plus de souffle, je n'avançais plus.* »

L'organisation des championnats avait pourtant pris en compte les conditions climatiques particulières du Qatar. La compétition, qui se déroule en aout depuis sa création, avait été décalée à fin septembre-début octobre, lorsque les températures y sont plus clémentes. Normalement. Car le Qatar, bien qu'habitué à la chaleur, subit aussi le réchauffement climatique. Lors de ces championnats, les conditions se sont révélées encore plus difficiles que prévu. *« On mettait vraiment sa santé en jeu »*, résume Yohann Diniz. À l'épreuve du 50 km marche, treize autres athlètes ont comme lui abandonné la course. Parmi les vingt-huit qui sont allés au bout, aucun ne l'a fait en moins de quatre heures, très loin du record mondial de Yohann Diniz (3 h 32).

UNE CLAQUE

Cette course a été une claque pour le sportif français, alors âgé de 41 ans. *« Si je n'étais pas allé à Doha, j'aurais peut-être gardé des certitudes qui n'étaient pas les bonnes »*, assure-t-il. Car le réchauffement climatique est parti pour durer. La température moyenne mondiale a déjà grimpé de 1 °C par rapport à l'ère préindustrielle (soit les années 1850-1900) et elle pourrait aller jusqu'à 1,5 °C supplémentaire dès 2030, selon le Giec, le groupe d'experts intergouvernemental sur l'évolution du climat. Les sports d'endurance et en extérieur sont ceux qui subissent le plus fort impact, car leurs efforts sont longs et ils ne peuvent bénéficier d'équipements climatisés. Or, lorsqu'on

Iorgis Matyassy – DPPI via AFP

n'y est pas préparé, la performance baisse de 0,5 % par degré, dès lors qu'on est au-dessus de 10 °C.

Ces nouvelles conditions ont convaincu Yohann Diniz d'adopter une méthode d'entrainement spécifique pour habituer son corps aux températures élevées. D'autres, qui ont terminé la course du 28 septembre, s'y étaient déjà mis. Depuis décembre 2019, l'athlète a donc mis en place un programme d'entrainement dans une chambre thermique au Portugal, en vue des prochains Jeux olympiques d'été au Japon. D'abord prévus en juillet-août 2020, les JO ont finalement été reportés à 2021 en raison de la pandémie de Covid-19, mais à la même période de l'année, qui se caractérise au pays du soleil levant par son climat chaud et humide. Le Comité olympique international (CIO), qui a aussi retenu la leçon de Doha, a toutefois décidé de délocaliser les épreuves de marche et de marathon de Tokyo à Sapporo, dans l'ile d'Hokkaido, plus au nord.

« COMME L'ALTITUDE »

Au Portugal, Yohann Diniz est suivi par une équipe dirigée par le professeur Amândio Santos, de la faculté des sciences du sport et de l'éducation physique de l'université de Coimbra. Désormais, le marcheur français a compris que *« la chaleur, c'est un peu comme l'altitude »* : il faut habituer son corps à ce type de condition. Et pour cela, il s'entraine dans une cabine dont on peut régler la température et le taux d'humidité. En France, la société qui domine le marché est Thermo Training Room : il existe actuellement une quinzaine de ses chambres thermiques dans le pays, dont une au club de foot du Paris-Saint-Germain. La plupart ont ouvert ces deux dernières années, selon le dirigeant de la société Thermo Training Room, Vincent Leclerc. La première a été développée en 2013, en partenariat avec le département de la recherche de l'Institut national du sport, de l'expertise et de la performance (Insep), à Paris. Cyril Schmit, alors chercheur à l'institut, a suivi les programmes d'entrainement de plusieurs athlètes dans cette cabine, en vue des JO de Rio, en 2016. Avec eux, il a analysé les effets des séances pour acclimater le corps à la chaleur.

Lorsqu'ils sont réguliers, ces entrainements permettent d'éviter les effets négatifs de la chaleur, qui peut entrainer selon lui une *« dérive physiologique généralisée »*. En multipliant les passages en chambre thermique, le corps s'habitue progressivement à ces effets et adopte de nouveaux réflexes. Il apprend à bruler un peu moins de sucre et à stocker davantage d'eau pour moins se déshydrater, mais apprend aussi à transpirer davantage, pour essayer de maintenir la température corporelle à 37 °C. La fréquence cardiaque ralentit pour mieux s'adapter aux sensations d'effort. Résultat, le confort face à la chaleur s'améliore. L'athlète est capable de prendre de meilleures décisions,

DURANT SES PASSAGES en chambre thermique, Yohann Diniz est soumis à une batterie d'examens afin de mieux connaitre ses capacités et personnaliser son entrainement.

© Iorgis Matyassy

TOUS LES QUARTS D'HEURE, une caméra thermique détecte les zones du corps qui se réchauffent le plus, et le nombre de litres d'eau perdus est mesuré.

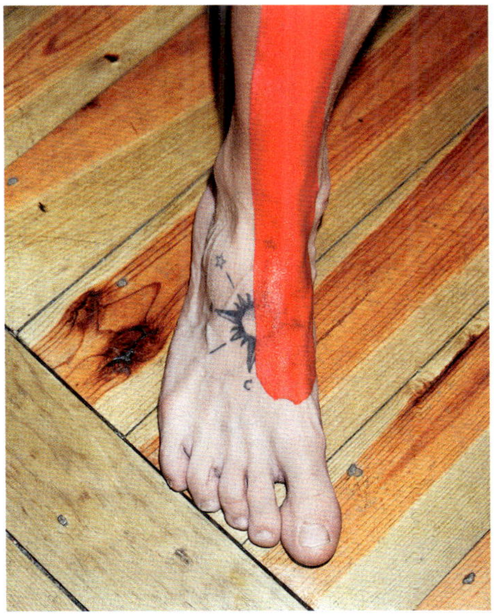

plus rapidement : car lorsqu'une personne n'est pas habituée à la chaleur, elle réagit de manière plus impulsive ou oublie de s'écouter. Les chambres thermiques permettent aussi de s'acclimater à l'humidité, pour en inverser les effets sur le corps. Sans entrainement, un taux d'humidité de l'air élevé augmente en effet la température corporelle et il devient plus difficile de transpirer. Ce type d'entrainement doit néanmoins être *« long et répété pour permettre à l'athlète de revenir à ses performances de départ dans des conditions de chaleur et d'humidité »*, conclut Cyril Schmit. L'idéal est de compter quatorze jours complets d'acclimatation, à raison d'une heure d'exercice par jour en chambre thermique.

CAGOULE ET POCHES DE GLACE

Les effets du « thermo training » varient cependant sur chaque athlète. L'égalité face à la chaleur, ça n'existe pas. C'est comme pour l'altitude, tout le monde n'a pas le même bagage physiologique. Pour Yohann Diniz, les premiers jours d'exposition à la chaleur ont été *« assez compliqués »*. Heureusement, il est bien suivi. L'équipe qui l'encadre le soumet à une batterie d'examens afin de personnaliser au mieux son entrainement : test d'urine pour mesurer sa température corporelle et son taux d'hydratation, pesée, mesure de la variabilité de sa fréquence cardiaque, prise de sang pour connaitre le volume de son plasma ainsi que son taux d'acide lactique (qui détermine comment le corps métabolise le glucose)... C'est seulement après qu'il peut grimper sur le tapis de course pour une heure d'exercice, dans les conditions de température et d'humidité d'un été à Sapporo, soit un effort fourni entre 30° et 34 °C et entre 75 % et 90 % de taux d'humidité dans l'air. Tous les quarts d'heure, une caméra thermique détecte les zones de son corps qui se réchauffent le plus, et le nombre de litres d'eau perdus est mesuré. Pour Yohann Diniz, ça peut monter jusqu'à trois litres par heure. Ce qui veut dire que sur plus de 3 h 30 d'effort, il faut apporter près de 10 litres d'eau à son organisme.

EN CHAMBRE THERMIQUE, LE CORPS S'HABITUE PROGRESSIVEMENT À LA CHALEUR ET ADOPTE DE NOUVEAUX RÉFLEXES.

D'autres techniques peuvent être prises en compte, en plus de l'acclimatation en chambre thermique. Grâce à la caméra thermique, Yohann Diniz sait désormais que c'est surtout au niveau de sa carotide que sa température augmente le plus. Cela touche donc son cou, sa nuque et jusqu'à sa tête. Pour rafraichir cette zone lors de la compétition, son équipe essaye de concevoir avec des ingénieurs une sorte de casquette-cagoule, avec un tour de cou rempli de poches de glace, à changer régulièrement. Le marcheur teste aussi des boissons avec différents dosages en minéraux, en particulier en sodium, très rapidement éliminé par la transpiration et qui aide pourtant à retenir les pertes d'eau pendant l'effort.

L'alimentation peut ainsi jouer un grand rôle dans l'acclimatation du corps à la chaleur. Patrice Gergès, directeur technique national à la Fédération française d'athlétisme, s'en est rendu compte lors des Championnats d'Europe de 2018, à Berlin, où il faisait déjà très chaud : *« Les assiettes des Français n'étaient pas du tout adaptées à la chaleur, parce qu'ils ne sont pas habitués à ces conditions. Alors que les Turcs, eux, prennent de la soupe le midi, qui apporte à la fois du liquide et des sels minéraux. »*

Changer la localisation des compétitions internationales pourrait-il aussi changer la donne ? Une étude scientifique publiée en 2016 dans la revue britannique *The Lancet* évaluait qu'en 2085, la plupart des villes de l'hémisphère nord, où vit 90 % de la population mondiale, auraient un climat trop chaud pour accueillir des Jeux olympiques d'été *« tels que nous les connaissons actuellement »*. Seules huit villes de plus de 600 000 habitants, la taille jugée nécessaire pour accueillir les JO, en seraient encore capables.

Et si on inventait à la place les JO d'automne ? Avant l'annonce du report des JO de Tokyo, Yohann Diniz ne décolérait pas contre la planification de l'évènement. *« Pourquoi ont-ils été programmés entre juillet et aout ? On sait que c'est la pire des périodes. Décaler à octobre mettrait beaucoup moins en danger les athlètes. »* Ce serait en outre un clin d'œil à 1964, où Tokyo avait déjà accueilli les Jeux olympiques d'été... en plein mois d'octobre. ◆

À VOTRE SANTÉ

Du cannabis plutôt que du Doliprane !

Jean Paul Curtay
médecin nutritionniste

Les antalgiques et anti-inflammatoires sont parmi les médicaments les plus consommés dans le monde. En France, on trouve en tête de tous une des nombreuses formes de paracétamol, le fameux Doliprane, avec plus de 100 millions de boîtes vendues chaque année. Seulement voilà, le paracétamol a de petits inconvénients : il anéantit par exemple notre principal protecteur contre les infections et la pollution ! Un surdosage très facile à atteindre s'avère être la première cause de greffe du foie en France. Les anti-inflammatoires sont dans le tiercé de tête des médicaments qui tuent. On sait qu'aux États-Unis, la crise des opioïdes (comme la codéine et le fentanyl) a tué plus de 300 000 personnes depuis 2000. En France, le nombre de décès par overdose d'opiacés a bondi de 146 % entre 2000 et 2015. De plus, benzodiazépines et opioïdes induisent des dépendances.

Pour soulager les 12 millions de Français souffrant de douleurs chroniques, il existe une alternative infiniment meilleure à ces médicaments courants mais dangereux : le CBD, ou cannabidiol. Moins connu que le THC (tétrahydrocannabinol), qui donne aux joints leurs effets psychotropes, il s'agit comme lui d'un cannabinoïde, mais qui n'est pas interdit par la loi. Des médecins français auront bientôt la possibilité de prescrire des dosages mélangeant ce principe actif du cannabis avec du THC. L'expérimentation du cannabis thérapeutique devait même commencer en ce mois de septembre. Reportée en raison du Covid-19, elle débutera finalement en janvier 2021.

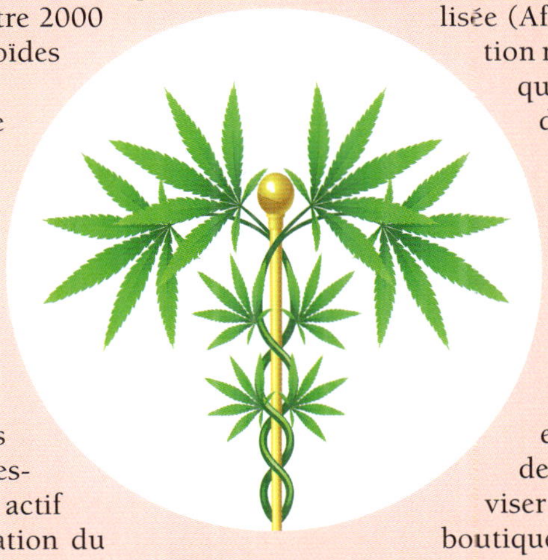

Shutterstock

ISRAËL EN POINTE

Le cannabis médical a, ces dernières années, été l'objet de nombreuses études qui ont montré de puissantes actions anti-inflammatoires, antalgiques, et aussi anti-nausées. C'est ce qui a amené son utilisation médicale, expérimentale ou institutionnalisée, dans de nombreux pays d'Europe et d'Amérique du Sud, ainsi qu'au Canada et dans plus de la moitié des 50 États Américains. L'un des pays les plus en pointe dans le domaine est Israël, où plus de 45 000 patients sont traités avec du cannabis.

En France, seules 3 000 personnes participeront à la phase expérimentale de deux ans qui s'ouvrira en janvier. Pourtant, le potentiel du cannabis pourrait être bien plus vaste. Ses bienfaits actuellement reconnus concernent les douleurs neuropathiques créées par des dommages sur les nerfs – les plus résistantes aux antalgiques habituels –, la spasticité musculaire dont souffrent les patients atteints de sclérose en plaques ou ceux qui sortent d'un accident vasculaire cérébral, ainsi que les effets secondaires des traitements des cancers (en particulier les nausées). Les personnes en soins palliatifs et les épileptiques, dont les traitements habituels ne sont pas efficaces, sont aussi concernées. Rien que pour les douleurs chroniques non contrôlées, cela fait autour de 4 millions de Français.

Mais qu'en est-il du cannabis pour ceux que ces maladies graves ne concernent pas ? Dans plusieurs pays, l'utilisation « récréative » a été décriminalisée (Pays-Bas, Luxembourg, Belgique, Suisse, Espagne, Royaume-Uni…), voire légalisée (Afrique du Sud, Pérou, Canada…). La question revient souvent en France, le pays d'Europe qui détient à la fois la plus forte proportion de consommateurs et l'une des lois les plus répressives en la matière. Soit un échec patent en termes de santé publique ou de pragmatisme fiscal.

Il est évident que la dépénalisation pose certains problèmes. À commencer par les jeunes, chez qui son usage peut provoquer des chutes de performances intellectuelles, des décrochages scolaires et une multiplication par trois des risques de schizophrénie. Cette crainte est à relativiser : les études montrent que l'ouverture de boutiques de cannabis (avec un âge limite) provoque un effondrement des marchés noirs, et donc une baisse notable du nombre d'adolescents consommateurs. Un autre risque sérieux est la conduite sur la route après avoir consommé du cannabis sous forme de joints, qui présente les mêmes dangers que l'alcool.

Reste une solution qui pourrait satisfaire tous ces problèmes de santé publique : la possibilité d'encourager la consommation du seul CBD, qui n'a pas d'effets psychoactifs. Il n'a pas non plus d'autres effets secondaires négatifs notables jusqu'à 1,2 g – alors que les effets commencent à 25 mg et qu'il n'y a pour le moment pas de justification à prendre plus de 100 mg par jour. En outre, des études indiquent qu'il permet de lutter contre les dépendances, même aussi graves que celles à l'héroïne. Au vu de son excellent profil bénéfices/risques, il serait idiot de ne pas donner sa chance au CBD. ◆

« VER DE ACCION », d'Antonio Guerra.

INVENTER

pages 78 - 115

UN AMOUR DE BÉBÉ USB

Texte : Charlotte Vannier
Photos : Didier Bizet

•

ILS RESSEMBLENT EN TOUT POINT À D'ADORABLES POUPONS… ET POURTANT CE SONT DES POUPÉES. APPELÉS « REBORNS », CES ENFANTS SAGES JUSQU'AU MALAISE PEUVENT POURTANT « RÉPARER LES VIVANTS », NOTAMMENT EN AIDANT LES PERSONNES SOUFFRANT DE DÉPRESSION OU D'ALZHEIMER.

•

Voilà de nombreuses années qu'Amanda lutte contre la dépression. Jusqu'en 2017, cette photographe londonienne d'une quarantaine d'années n'éprouvait guère de réconfort et de confiance en elle que lorsqu'elle tenait dans ses bras les bébés de ses amis ou quand elle jouait avec leurs animaux domestiques. Immédiatement, cela la rendait plus sereine. Amanda a toujours été célibataire et souhaite le rester. Pourtant, lorsqu'un jour de 2017 elle découvre par hasard l'existence d'A.J. sur internet, c'est le coup de foudre. Dans ce petit visage joufflu, elle assure retrouver des traits familiaux : la fossette sur le menton de son grand-père, la couleur des yeux et des cheveux des membres de sa famille. Un bébé qui lui ressemble, mais à 100 %

Certains *reborns* sont équipés d'appareils qui permettent d'imiter les battements de cœur, la respiration ou la succion des bébés. Ils sont rechargeables en USB, grâce à une prise soigneusement cachée dans le rembourrage de la poupée.

fleurs

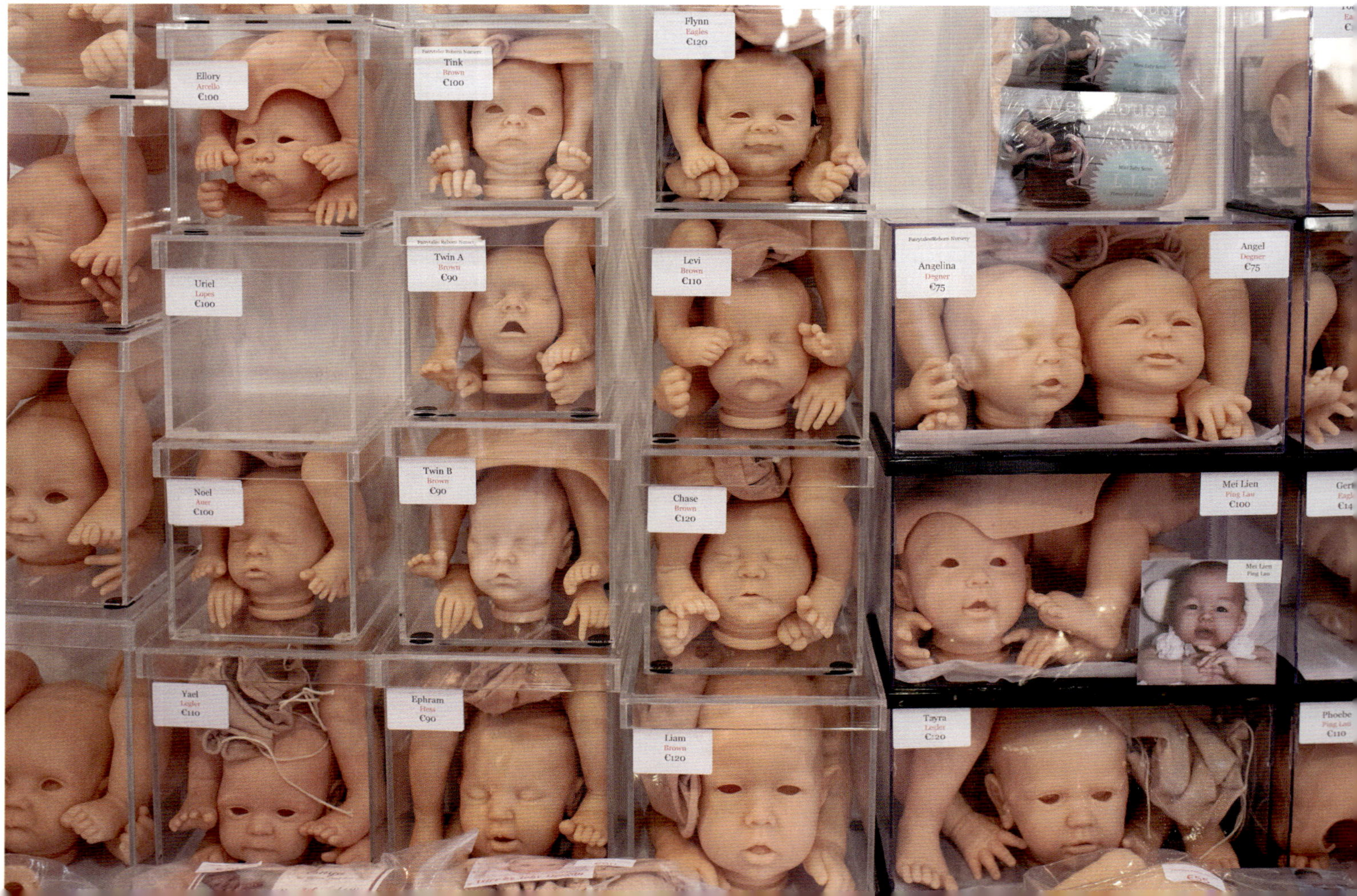
Ellory
Arcello
€100
Tink
Brown
€100
Flynn
Eagles
€120
Uriel
Lopes
€100
Twin A
Brown
€90
Levi
Brown
€110
Angelina
Degner
€75
Angel
Degner
€75
Noel
Auer
€100
Twin B
Brown
€90
Chase
Brown
€120
Mei Lien
Ping Lau
€100
Mei Lien
Ping Lau
Yael
Legler
€110
Ephram
Hess
€90
Liam
Brown
€120
Tayra
Legler
C:20
Phoebe
Ping Lau
€110

constitué de vinyle et poils mohair. Cette poupée, qu'elle a « adoptée » sur-le-champ et qu'elle chérit depuis comme sa propre chair, est un *reborn*.

C'est aux États-Unis, dans les années 1990, que sont apparus les premiers modèles de ces poupées ressemblant à s'y méprendre à des nouveau-nés. Elles suscitent l'engouement d'une communauté de passionnés qui cherchent à obtenir un réalisme poussé à l'extrême. Les plus sophistiquées sont équipées de systèmes électroniques reproduisant les battements de cœur, la succion ou la respiration d'un vrai bébé. Vouées à différents usages, de la simple collection à l'enfant de substitution, elles souffrent aussi d'une mauvaise image, suscitant parfois le malaise, voire l'angoisse.

Nous sommes allés à la rencontre de cette communauté pour la comprendre. D'où vient cette aspiration à imiter la vie avec du plastique, de la peinture acrylique et des poils de chèvre ? Qu'est-ce qui pousse une femme, un couple, à adopter – le mot « acheter » est tabou – un bébé qui lui ressemble, à l'aimer comme sa propre chair, à le promener en poussette, l'habiller ou même lui aménager une chambre ?

JUSQU'À 80 HEURES DE TRAVAIL

Leurs fabricants les vendent sous forme de kits en vinyle comprenant des jambes, des bras, une tête et un corps mou, auquel il est possible d'ajouter une plaque ventrale et un torse. Les artistes reborn peignent ces kits avec de nombreuses couches successives, une trentaine si besoin. Une fois la peinture fixée au four, ils intègrent les yeux puis implantent un à un les cheveux, les cils et les sourcils, constitués de poils de chèvre mohair. Des éléments peuvent être ajoutés : un cordon ombilical, un simulateur de battement de cœur ou de respiration, ou des aimants permettant la tenue de tétines. Le tout prend jusqu'à 80 heures. Certains *reborneurs* vont encore plus loin dans l'hyperréalisme, en imitant des taches de naissance, un réseau sanguin, des pores, des larmes, de la salive… Parfois, l'artiste a pour mission de copier les traits des visages des « parents » adoptifs, lorsque ces derniers ont fourni des photos d'eux lors de la commande. D'autres fois, ce sont des grands-parents qui souhaitent un reborn dont la ressemblance avec leur petite-fille ou leur petit-fils soit remarquable : ils ne veulent pas se contenter de photos de leur descendance sur leur cheminée, mais veulent avoir une copie conforme sur le canapé du salon.

Amanda n'a pas eu besoin de commander un reborn à son image. A.J. a surgi dans sa vie comme un petit miracle. Le poupon, installé sur son canapé, lui donne l'impression de l'écouter, sans l'interrompre ou la juger. Il est même, selon elle, bien plus compréhensif que la plupart des gens. Il lui a redonné le gout de la vie. *« Chaque moment passé ensemble est spécial, nous avons une petite routine matin et soir, qui m'aide à passer la journée et à bien dormir la nuit. »*

« IL NE ME RÉVEILLE PAS LA NUIT, NE ME VOMIT PAS DESSUS, ET N'A PAS BESOIN DE NOUVEAUX VÊTEMENTS, PUISQU'IL NE GRANDIT PAS. »

Mais si Amanda considère A.J. comme son *« enfant »* et qu'elle déclare être une *« maman reborn »*, elle sait garder une certaine distance. *« Il ne me réveille pas la nuit, ne me vomit pas dessus, et n'a pas besoin de nouveaux vêtements puisqu'il ne grandit pas »*, sourit-elle.

Si l'ultraréalisme de ces poupées évoque chez certains des bébés morts et suscite des critiques acerbes envers leurs adeptes, les reborns semblent bien pouvoir « réparer les vivants ». C'est ce que nous explique une artiste reborneuse installée à Caen, Delphine Trevel. Durant son temps libre, cette infirmière fabrique des reborns qu'elle offre aux Ehpad de sa région. Son travail, bénévole, est mené dans l'espoir de soulager, ne serait-ce que pour quelques

LE MAGASIN de Maria Valle Escudero, à Madrid, est le premier dédié aux reborns en Espagne. *« Des femmes d'Amérique latine font un détour par ma boutique lorsqu'elles viennent en Europe,* assure-t-elle. *Elles entrent avec de grands cris et se mettent à pleurer, submergées par l'émotion. »*

LES CLIENTS peuvent se procurer un kit de *reborn*. On peut aussi acheter séparément des yeux, des vêtements, des cils, des tétines, des bracelets de naissance, des biberons, des ciseaux à cheveux ou des pinceaux à lèvres.

DELPHINE TREVEL, est infirmière et hypnothérapeute à Caen, ici en mai 2019. Elle passe 5 heures par semaine en moyenne à réaliser des reborns qu'elle distribue bénévolement aux Ephad de sa région.

AMANDA, quadragénaire britannique photographiée en septembre 2019, à Londres, ne s'endort jamais sans son reborn, A.J. Ses parents et ses amis proches ont fini par accepter son désir.

instants, les personnes âgées atteintes de démence. Avec son amie Valérie Morvan, elle a créé le premier magazine français consacré au sujet, *Fan 2 reborn*. En contrepartie d'un abonnement au magazine, elle offre ses poupées aux centres médicaux demandeurs et propose également aux infirmières des Ehpad une courte formation au « reborning ». En 2018, les deux femmes ont contribué à créer une nurserie destinée aux malades d'Alzheimer dans un Ehpad près de Caen, en collaboration avec la directrice de l'institution Carole Mairand.

« THÉRAPEUTE EN DIRECT »

Seuls ou en groupe, les patients se succèdent dans cette drôle de nurserie. Les infirmières déposent délicatement les poupées dans les bras des malades et les invitent à les cajoler ou à leur chanter une berceuse. Le temps est minuté et les infirmières sont sur le qui-vive, car les patients peuvent se rendre compte de la supercherie à tout moment. *« Il est un peu froid »*, observe Gisèle. *« Son corps est dur »*, lance Geneviève, tout en grattant d'un doigt distrait la surface insensible de ce qu'elle prend pour un nourrisson. Mais le charme opère : à son contact, Geneviève et Gisèle se plongent dans les souvenirs des moments heureux de leur vie : quand leurs enfants étaient petits, quand elles-mêmes étaient jeunes et que leur avenir était plein de promesses, loin des murs qui les séparent aujourd'hui du monde extérieur, loin de la muraille qu'a bâtie leur maladie autour d'elles.

Dans le cas d'Amanda, la traduction littérale du mot « reborn » (« renaissance ») prend tout son sens. Depuis l'arrivée d'A.J., plus de crise d'angoisse. Et elle a remarqué que ses épisodes dépressifs devenaient beaucoup moins handicapants qu'ils ne l'étaient auparavant. Elle dit de lui qu'il est son *« thérapeute en direct »*, à qui elle peut parler dès qu'elle a besoin de se vider la tête. Parfois elle emmène A.J. avec elle dans son studio photo. Dans la rue, elle le transporte emmitouflé dans une écharpe de portage, près du corps, sans se soucier du qu'en-dira-t-on. *« Mes parents*, se souvient-elle, *bien que choqués et troublés*

« BIEN QUE CHOQUÉS ET TROUBLÉS AU DÉBUT, MES PARENTS ONT ÉTÉ INCROYABLES ET SI ENCOURAGEANTS. CE SONT DE MERVEILLEUX GRANDS-PARENTS. »

au début, ont été incroyables et si encourageants. Ce sont de merveilleux grands-parents. » D'abord interloqué par l'arrivée d'A.J. dans la vie d'Amanda, l'essentiel de son entourage a su reconnaitre, au fil du temps, les bienfaits qu'il lui procurait. *« Après le choc initial, ils l'adorent aussi maintenant. »* Si elle est capable de le laisser seul pour aller travailler, elle le met en pension chez ses parents lorsqu'elle doit s'absenter plusieurs jours. Une relation équivoque, entre vie réelle et artificielle, qui apporte à Amanda un réconfort inespéré. Elle vit pleinement sa relation avec son « bébé », sans se cacher ; ce n'est pas le cas de tous les « adoptants ».

À l'entrée du Doll Show de Valence, en Espagne, le salon le plus important du genre en Europe, le reborn est en tout cas assumé. En ce jour d'avril 2019 se pressent des femmes, seules ou en couple, « bébé » dans les bras ou en landau. L'excitation est à son comble. On prend la pose, un poupon dans les bras, un autre sur les genoux. On papote, en espagnol, de *« los niños maravillosos »* ou de *« las chicas »*... Mais l'espagnol n'est pas l'unique langue, dans ce qui ressemble à un marché d'enfants rempli de trafiquants bienveillants et attentionnés – à ce détail près qu'aucun bébé n'y pleure. En remontant les allées, on entend un étonnant brouhaha polyglotte, mélange d'italien, de hollandais, de portugais... Des dizaines de créateurs exposent leurs œuvres : il y a là l'Allemande Bianca Franke ou la Polonaise

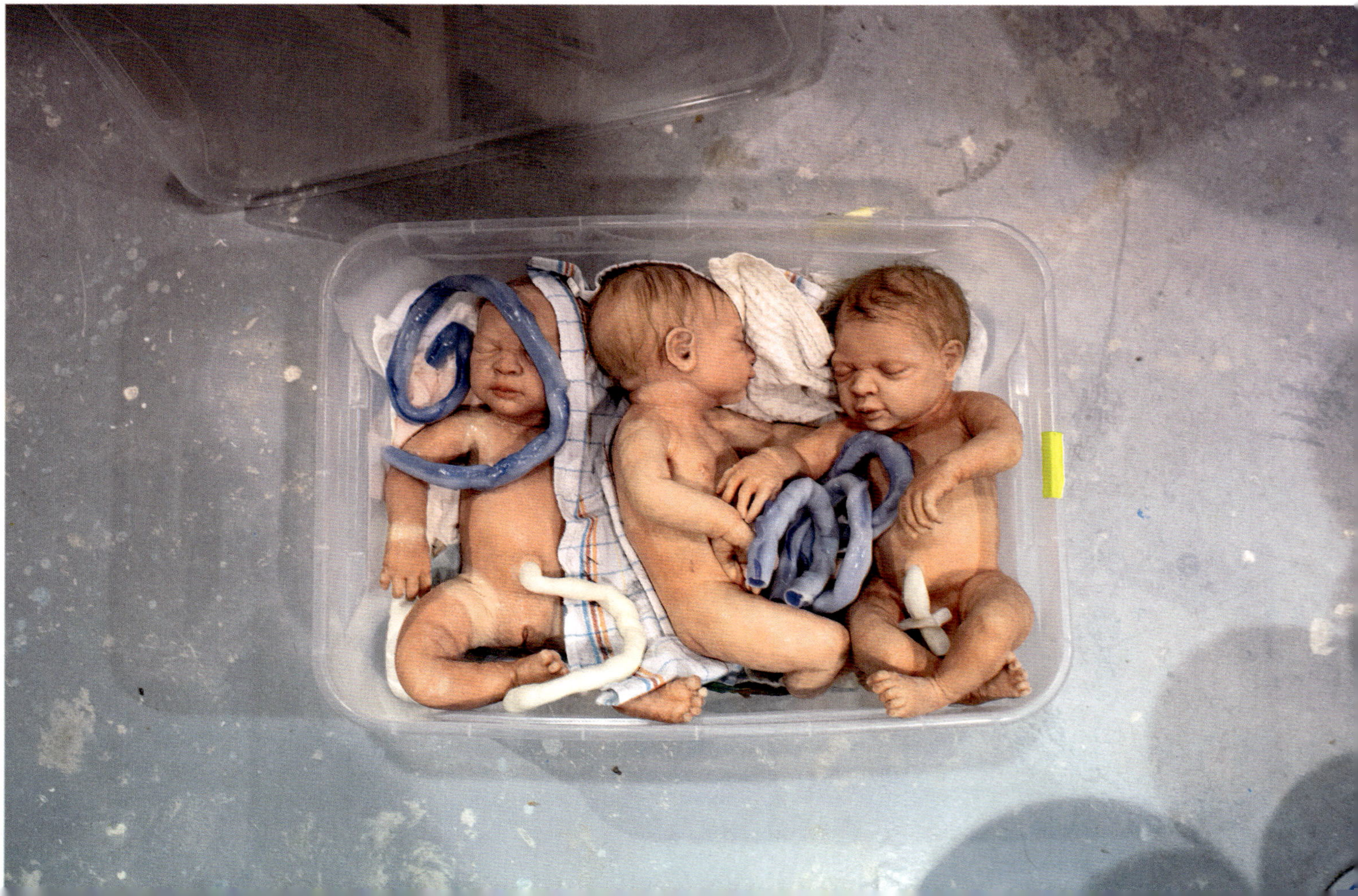

Joanna Kazmierczak, qui fabrique des reborns en petits nombres – leurs prix peuvent aller jusqu'à 22 000 euros l'unité.

Chaque année, Maria Valle Escudero se rend au Doll Show de Valence pour rencontrer des reborneurs, des collectionneurs et des fabricants du monde entier. C'est l'occasion pour toutes et tous d'échanger, de se mesurer les uns aux autres, et de dénicher de nouveaux kits : ceux qui seront bientôt introuvables, car fabriqués en édition limitée. *« Plus on va dans la partie méridionale de l'Europe, plus les femmes sont décontractées avec leur reborn*, nous explique Maria Valle Escudero, qui nous ouvre peu après les portes de son magasin à Madrid, la première boutique physique de reborns en Espagne. *Dans le sud du pays, elles sortent dans la rue en pyjama et se moquent du regard qu'on porte sur elles. De la même manière, elles se fichent qu'on les juge sur les reborns. D'ailleurs personne ne les juge. »*

PHÉNOMÈNE INTERNATIONAL

Les gens qui passent devant la vitrine de Maria font machinalement marche arrière, surpris par ces créatures ultraréalistes exposées à la vue de tous. Un jour, une personne est entrée pour la sermonner : *« On ne laisse pas un bébé en vitrine ! »* La commerçante est obligée de laver régulièrement les vitres de son magasin, car les enfants, sur le chemin de l'école adjacente, s'y agglutinent, captivés par le réalisme des poupées. *« Des femmes venues d'Amérique latine font un détour par Madrid pour voir ma boutique. Elles entrent avec de grands cris et se mettent à pleurer, submergées par l'émotion »*, nous assure-t-elle.

Ces charmants nourrissons mués dans un silence de plastique, forcément, interrogent. Car si le reborn attendrit d'abord, son réalisme poussé à l'outrance peut effrayer dans un second temps. Cet instant de basculement, Julie Barrère de l'atelier Cinébébé nous le décrit : *« Ce sont ces quelques secondes, trois tout au plus, où l'on est certain de voir un vrai bébé. Mais il se passe quelque chose en nous, un instinct primaire, qui nous fait comprendre que le bébé est factice. Et soit on trouve le réalisme bluffant et on contemple avec attention tous les détails, soit on a le sentiment d'être devant un bébé mort. »* Maquilleuse et spécialiste en effets spéciaux, Julie Barrère a intégré Cinébébé en 2017. Créée dix ans auparavant par sa collègue Viridiana Ferrière, la petite société crée des reborns pour les besoins du cinéma, de la télé ou de la pub. Car les nourrissons que l'on peut apercevoir dans des programmes télévision ou des spots publicitaires ne sont pas réels ! Tout le travail de Julie consiste à faire croire l'inverse. Le bébé métis de la comédie *Qu'est-ce qu'on a encore fait au Bon Dieu ?* (2019) est par exemple sorti de leurs moules.

Le phénomène est international, mais n'en reste pas moins marginal à ce jour. Impossible de quantifier le nombre de reborns vendus sur la planète,

« SOIT ON TROUVE LE RÉALISME BLUFFANT ET ON CONTEMPLE AVEC ATTENTION TOUS LES DÉTAILS, SOIT ON A LE SENTIMENT D'ÊTRE DEVANT UN BÉBÉ MORT. »

et difficile d'estimer le nombre de reborneurs, de collectionneurs ou d'adoptants. Des chiffres de 2014 estimaient la communauté à 20 000 personnes dans le monde. *« Nous avons des grossistes et négociants dans vingt-deux pays sur tous les continents*, confirme Steve Flint, de chez Secrist Doll, société américaine qui détient la principale usine de kits de reborn, dans le Michigan. *Les marchés les plus importants, en dehors des États-Unis, comprennent le Canada, l'Australie, le Royaume-Uni, l'Irlande, la France, l'Italie, l'Allemagne, l'Espagne, les Pays-Bas et le Brésil. »* Aujourd'hui, ces clients sont plutôt des personnes vivant en marge, qu'elles soient célibataires, *childfree* ou LGBT. Mais qu'en sera-t-il dans le futur ? ◆

LE STAND de Bianca Franke, venue d'Allemagne pour présenter ses reborns au Doll Show de Valence (Espagne), en avril 2019. Reborneuse depuis 2013, elle vend ses créations aux enchères sur internet à un prix dépassant le millier d'euros.

CINÉBÉBÉ est un atelier parisien spécialisé dans les répliques hyperréalistes de bébés pour le cinéma. Ces faux bébés sont stockés dans des boites et ressortiront pour un prochain long-métrage.

JE SUIS PRÊT POUR LA PROCHAINE PANDÉMIE, ET VOUS ?

Cyril Fiévet

DANS UNE SOCIÉTÉ DE PLUS EN PLUS ANGOISSÉE PAR LE CONTACT HUMAIN, LES INVENTIONS « SANS CONTACT » SE MULTIPLIENT. NOTRE JOURNALISTE NOUS FAIT DÉCOUVRIR LES DERNIÈRES EN DATE.

FAIRE LA FÊTE EN TOUTE SÉCURITÉ
Micrashell est un projet de combinaison intégrale permettant de boire et de vapoter. Elle inclurait un respirateur enveloppant toute la tête, une caméra, des haut-parleurs et une batterie pour recharger le tout.

Serions-nous en train de basculer dans une nouvelle ère sociale ? Avant l'épidémie de Covid-19, la tendance du « sans contact » était déjà perceptible. Avec le confinement et les mois qui l'ont suivi, tout s'est accéléré – dans les objets, l'espace public ou nos relations sociales. Au point que nous disposons presque de l'arsenal nécessaire pour vivre sans contact physique avec le moindre humain. Rassurant ? Effrayant ? Je l'ignore, mais l'essentiel des innovations que j'ai relevé dessinent bel et bien les contours d'un monde qui s'adapte – durablement – au risque sanitaire, à la distance sociale et au virtuel.

MASQUES HIGH TECH

Commençons par le plus visible. Confiné et bloqué dans un pays durement touché par la pandémie, la Russie (8000 à 10000 nouveaux cas officiels par jour, en juin), je ne sors plus sans mon masque-respirateur lavable acheté en Chine. Souvent obligatoire, le masque est devenu en peu de temps un accessoire usuel. Mais il ne va pas demeurer un simple morceau de tissu ou de papier plastifié. L'objet se « technologise » à mesure qu'il s'impose.

Prenez le Nuo 3D, par exemple. Produit aux États-Unis, ce respirateur en polyamide accompagné de filtres jetables (87 euros) est imprimé en 3D, sur mesure, pour s'adapter au visage de chaque utilisateur. En Chine, Huami, l'un des leaders mondiaux des objets connectés, a présenté en juin son Amazfit Aeri, un concept de masque transparent et autonettoyant. Il intègrera un petit ventilateur et des lampes à UV qui le désinfecteront quand il sera branché sur un port USB. Un masque comparable, baptisé Leaf, est déjà commercialisé par Redcliffe Healthcare aux États-Unis (voir We Tech, p. 101). Autre exemple : à l'Institut de technologie israélien Technion, des chercheurs ont mis au point un masque léger, réutilisable et autonettoyant, à base de fibres de carbone. Branché sur un chargeur, il chauffe les fibres pour les débarrasser des virus.

Ainsi, le masque se modernise, devenant plus hygiénique, plus « intelligent »... Et plus fun. Tyler Glaiel, jeune développeur américain de jeux vidéo, a montré en mai comment bricoler un masque en tissu opaque équipé de LED qui imitent les mouvements de la bouche. Avec 50 dollars et quelques notions d'électronique, on confectionne un masque qui détecte la voix et la convertit en signaux lumineux, permettant de simuler un sourire. Transformer son visage en émoji animé, pourquoi pas.

Certains vont déjà plus loin. À Los Angeles, les designers de Production Club ont fait le buzz avec leur projet Micrashell : une combinaison intégrale, haute en couleur, destinée aux fêtards. Permettant de boire et de vapoter, elle inclurait un respirateur enveloppant la tête, une caméra, des haut-parleurs et une batterie pour recharger le tout. Bientôt des raves en tenue de cosmonaute ?

ON NE TOUCHE PAS !

Peut-être suis-je devenu exagérément parano, mais les claviers et boutons publics me stressent et me paraissent désormais… terriblement « pré-Covid ». Le paiement sans contact – qui s'est généralisé avec l'épidémie – est une première solution, mais il ne résout qu'une petite partie de l'équation urbaine. On peut mieux faire.

En Chine, Easpeed Technology équipe hôpitaux et immeubles de bureaux de panneaux de commandes « sans contact ». Par exemple à Hefei, capitale de la province de l'Anhui, où l'on peut déjà acheter un ticket de métro sans rien toucher. Sur le distributeur, écran, clavier et boutons physiques sont remplacés par des projections de type holographique. On n'appuie plus sur rien : on pointe du doigt dans le vide, sur des commandes virtuelles.

« Casser les chaines de contamination en adoptant l'hologramme actif » : c'est aussi la promesse de la société française MZ Technologie, qui propose un boitier adaptable sur n'importe quel ascenseur et projetant les commandes dans l'air. L'appareil a déjà été adopté par un hôpital parisien et sa prochaine version, encastrable, vient d'être commandée par une grande marque d'ascenseur, assure l'entreprise.

On voit aussi apparaitre des kiosques d'information, distributeurs de billets ou de boissons à panneaux de commande virtuels (Neonode en Suède), des ascenseurs pilotés par la voix (SoundAI en Chine) et des interphones

TAPER DANS LE VIDE
Pour ne plus laisser des boutons infectés dans l'espace public, les ascenseurs peuvent désormais être équipés de dispositifs à hologrammes.

Production Club – Neonode

d'immeubles comprenant le langage humain (Picovoice au Canada). Nos descendants riront-ils un jour de nos écrans tactiles et claviers mécaniques ?

RENDEZ-VOUS VIRTUEL

14 juin 2020. Je regarde une vraie-fausse représentation de *La cerisaie*, de Tchekhov, qui se déroule… dans Minecraft. Dans ce jeu au succès planétaire, où tout est construit en blocs colorés façon Lego, un jeune réalisateur et un architecte ont reproduit virtuellement l'une des plus prestigieuses institutions russes, le Grand Théâtre dramatique Tovstonogov de Saint-Pétersbourg. Une voix off rappelle malicieusement aux spectateurs d'éteindre leurs mobiles, puis de véritables acteurs jouent une version raccourcie de la pièce. À la fin, quelques spectateurs-avatars lancent des fleurs virtuelles sur la scène. Anecdotique réussite technique, ou présage d'avenir ? Dans un monde qui s'adapte à la distance sociale et au « sans contact », le virtuel parait loin d'être une solution ridicule. J'aime les bars, les concerts, le spectacle vivant. Mais suis-je prêt à me ruer à nouveau dans des lieux bondés ?

PARTICIPER À UN SALON VIRTUEL

Laval Virtual, la grand-messe professionnelle de la réalité virtuelle en Europe, s'est pour la première fois tenue de façon… virtuelle. En avril, les visiteurs pouvaient assister aux conférences ou discuter avec des industriels depuis chez eux, par le truchement d'un avatar.

VIVRE UN CONCERT DE TRAVIS SCOTT SUR FORTNITE

Fin avril, près de 28 millions de spectateurs ont assisté en deux jours aux huit minutes de show du rappeur américain dans le jeu vidéo aux 350 millions d'adeptes.

Laval Virtual – Fortnite/Epic Games

SORTIR AU THÉÂTRE SUR MINECRAFT…
En juin, une représentation de *La cerisaie* de Tchekhov s'est déroulée dans le cadre du Grand Théâtre dramatique Tovstonogov de Saint-Pétersbourg, reconstitué sur le très populaire jeu en ligne.

… PUIS S'ARRÊTER BOIRE UN VERRE
Un club new-yorkais, Elsewhere, a depuis avril sa version virtuelle sur Minecraft.

Minecraft/Microsoft

Fin avril, en pleine crise sanitaire mondiale, s'est tenu le plus gros concert live jamais organisé : près de 28 millions de spectateurs en deux jours ont assisté aux huit minutes de performance du rappeur américain Travis Scott… dans un jeu vidéo. *Fortnite*, jeu de combat aux 350 millions d'adeptes, fait désormais aussi office de salle de spectacle : en mai s'y succédaient Diplo, Dillon Francis, Steve Aoki ou Deadmau5. Et *Fortnite* n'est pas seul à voir dans le virtuel l'avenir du spectacle live. La start-up californienne Wave annonçait début juin avoir levé 30 millions de dollars dans l'unique objectif de développer des concerts virtuels.

Quand se réunir physiquement en grand nombre devient potentiellement dangereux, le virtuel prend tout son sens. Même un club new-yorkais, Elsewhere, a depuis avril sa version virtuelle sur Minecraft. Boire un verre chez soi, sans risque, tout en socialisant dans le virtuel : vous y êtes prêts ?

Et cela ne se limite pas au divertissement. Pour la première fois de ma carrière de journaliste, j'ai récemment été invité à un lancement de produit… sur Zoom. Celui que présentait ce jour-là l'entreprise Whill était justement propice à la distanciation sociale : un fauteuil roulant autonome et robotisé, pour les personnes à mobilité réduite se déplaçant dans un aéroport, et capable de respecter les distances de sécurité. Singulier télescopage que cette présentation sans contact d'une invention qui supprime elle-même les interactions humaines. Certains y verront une forme de déshumanisation. D'autres la simple prise en compte d'une réalité nouvelle.

En avril, l'édition 2020 de Laval Virtual, la grand-messe professionnelle de la réalité virtuelle en Europe, qui se tient chaque année dans le chef-lieu de la Mayenne, s'est transformée en évènement virtuel. Une première. Depuis chez eux, par le truchement d'un avatar, 11 200 visiteurs venus de 110 pays ont pu assister aux conférences, discuter avec des industriels ou découvrir de nouveaux produits. À l'attention des entreprises, le réseau LinkedIn vient, lui, de lancer ses « virtual events », des évènements interactifs en streaming vidéo. Même les *escape games*, jeux jadis organisés dans des lieux physiques, se virtualisent : sur Moonshot, des équipes comprenant jusqu'à 100 personnes s'affrontent à distance.

QUAND SE RÉUNIR PHYSIQUEMENT EN GRAND NOMBRE DEVIENT POTENTIELLEMENT DANGEREUX, LE VIRTUEL PREND TOUT SON SENS.

Serait-ce le renouveau des communautés virtuelles ? L'une des plus anciennes, *Second Life*, développée depuis 2003 et quasiment « oubliée », a enregistré 250 000 nouveaux utilisateurs depuis le début de la pandémie. Elle n'hésite pas à se présenter désormais comme une alternative à Zoom ou Skype. Dans le même registre, durant le confinement, plusieurs dizaines de PME américaines ont organisé des réunions de travail dans *Red Dead Redemption 2*, un jeu vidéo d'action dans l'univers du Far West. Il est tellement plus agréable de discuter des projets en cours autour d'un feu de camp, avec les loups qui hurlent au loin dans la nuit. Votre prochaine réunion de boulot, virtuelle bien sûr, allez-y en cow-boy ! ◆

ET PENDANT CE TEMPS...

Armelle Oger

•

DU JOUR AU LENDEMAIN, LE CONFINEMENT A IMPOSÉ UNE « CONTINUITÉ PÉDAGOGIQUE » À LAQUELLE L'ÉDUCATION NATIONALE N'ÉTAIT PAS PRÉPARÉE. POUR BEAUCOUP DE PROFS, LA PÉRIODE A ÉTÉ L'OCCASION DE TESTER DE NOUVELLES MÉTHODES DE COURS. RENCONTRE AVEC QUATRE ENSEIGNANTES QUI INNOVENT.

•

... ELLES RÉINVENTENT L'ÉCOLE

Assurer la « continuité pédagogique », coûte que coûte : quelques jours avant le confinement, en mars, cette injonction de l'Éducation nationale n'a été accompagnée d'aucune feuille de route. Urgence oblige, il est revenu à chaque enseignant de faire preuve d'autonomie et de créativité pour mettre en pratique l'école à distance.

Rompus à l'exercice du numérique, certains sont devenus de véritables stars des réseaux sociaux : dans le sillage d'Yvan Monka, enseignant pionnier sur YouTube fort de 816000 abonnés à sa chaine « Maths et tiques » lancée en 2015, Marie-Solène Letoqueux s'est ainsi lancée pendant le confinement : sa chaine « La maitresse part en live » a déjà près de 100000 abonnés. Et puis il y a eu tous ceux qui, avec les moyens du bord, parfois juste leur vieil ordi et une formation sur le tas aux outils numériques, ont innové, expérimenté, parfois en remettant en question leur façon d'apprendre et de transmettre.

Formation limitée, inadéquation de « l'environnement numérique de travail » de l'Éducation nationale, absence d'équipement des familles modestes : les états généraux numériques pour l'éducation qui se tiendront les 4 et 5 novembre à Poitiers acteront sans doute les failles, révélées par la crise sanitaire, du numérique éducatif. Et l'urgence de faire bouger l'école avec ceux qui sur le terrain innovent et expérimentent.

MARIE SOULIÉ

PROFESSEURE DE FRANÇAIS EN SIXIÈME AU COLLÈGE DANIEL-ARGOTE À ORTHEZ

La pédagogie des petits pas

Malgré ses vingt-six ans de métier, cette enseignante à l'accent chantant avoue avoir beaucoup appris de cette crise… qui est allée jusqu'à lui faire revoir sa façon de faire cours. Déjà adepte de la pédagogie active et de la classe inversée (cours à la maison, par vidéos, et devoirs faits en classe), Marie Soulié a mis en place une « pédagogie des petits pas ».

« Au bout d'une semaine de confinement, je me suis rendu compte que quelque chose n'allait pas dans la compréhension des consignes. » Après avoir demandé aux élèves, de niveaux différents, de lui faire un retour sur ce qu'elle leur demandait, elle s'aperçoit (*« il était temps ! »* note-t-elle) qu'il peut y avoir une grande différence entre l'attendu du prof et la perception de l'élève. Du coup, l'enseignante décide de poster à ses élèves un exemple du travail demandé : *« Au lieu de seulement dire, j'ai fait. »* Le confinement bouleversant la notion de temps et d'espace, elle décide aussi de fragmenter les leçons. Lundi, elle fait travailler les enfants sur l'idée générale d'une rédaction ; mardi vient la mise en place des personnages ; mercredi, le lieu d'action ; c'est seulement le vendredi qu'ils composent. *« J'ai découvert ce qu'était un accompagnement personnalisé. L'école est formatée sur ce qui doit se faire en temps et en heure : elle permet rarement de revenir sur l'ouvrage : c'est pourtant ainsi qu'on progresse. »*

Pour Marie Soulié, le collaboratif et le participatif sont fondamentaux dans la pédagogie. *« J'ai essayé de combler ce manque en permettant à mes élèves de collaborer à distance sans moi. »* Elle organise ainsi avec ses deux classes un procès basé sur le *Roman de Renart* : une classe qui défend, l'autre qui accuse. *« Je leur ai donné mes codes de visioconférence. Ils ont organisé eux-mêmes des rendez-vous par petits groupes, ont échangé : ça a été un moment important pour eux. »*

iStock – DR

Mais la grande révélation de l'école à distance fut pour Marie Soulié la nouvelle relation établie avec les parents : *« Je n'ai jamais eu, de toute ma carrière, autant de relations saines, épanouies, apaisées avec les familles. J'ai senti beaucoup de confiance, de gratitude. Plus on communique, plus les parents font confiance, se sentent impliqués et investissent l'école. Et plus c'est bénéfique pour l'enfant. »*

FLORENCE VÉDÉRINE

PROFESSEURE D'ANGLAIS EN SIXIÈME ET TROISIÈME AU COLLÈGE JEAN-VILAR DE VILLETANEUSE (SEINE-SAINT-DENIS)

Un site et deux cartes SIM

Sur son site Mission#CoVed-20, la voix est douce et apaisante, les cours en vidéo plutôt ludiques, mais les consignes concernant les rendus de devoirs demeurent fermes ! Blogueuse de longue date, la professeure d'anglais Florence Védérine a préféré l'idée d'un site – qu'elle a conçu pour être le plus simple et efficace possible – à celle d'une chaine YouTube. *« La veille du confinement, notre chef d'établissement nous a expliqué que la continuité pédagogique se déroulerait sur Pronote,* se souvient-elle. *Pour l'anglais, cet outil est très limité. J'ai vérifié si les élèves savaient l'utiliser, ne serait-ce que pour déposer une copie : ce n'était pas évident. Comme beaucoup de jeunes, mes collégiens sont des as des stories et selfies mais ont du mal avec un simple mail. »*

LIBÉRER LA PAROLE

Pour « Miss Védérine », le numérique est sans conteste un allié de l'apprentissage des langues : les enfants peuvent prendre le temps qu'il leur faut, ce qui est primordial pour les timides et ceux qui ont des difficultés. Si la parole ne se libère pas en 6e, c'est très compliqué ensuite. Et ça marche ! *« J'ai des élèves très discrets qui se sont ainsi révélés pendant le confinement, obtenant pour la première fois des encouragements en fin de trimestre. »* Comme nombre d'enseignants, perdre des élèves en route a été une de ses grandes craintes. Cela n'a heureusement pas été le cas. *« Si l'enfant ne faisait pas ses devoirs, j'appelais les familles. J'ai deux puces dans mon téléphone. J'avais donné un des numéros aux parents, qui pouvaient me joindre en cas de problème. »* Le site fonctionne si bien qu'après le déconfinement, sa créatrice a mis en place une nouvelle version. Et à la demande de ses élèves, elle continuera à l'utiliser en complément des cours à la rentrée.

« J'AI DES ÉLÈVES TRÈS DISCRETS QUI SE SONT RÉVÉLÉS PENDANT LE CONFINEMENT. »

Les pratiques, elle en est persuadée, vont évoluer. Les élèves ne comprennent pas toujours l'intérêt de ce qu'ils apprennent : il faut remettre le savoir en perspective. Et intégrer du ludique : marionnettes pour faciliter la parole des timides, roman-photo avec bulles et selfies, podcast sur la vie du collège… Le confinement a donné un tas d'idée à Florence Védérine !

missvederine.wixsite.com/coved-20

DR

SOPHIE GUICHARD

PROFESSEURE DE MATHS EN TERMINALE PRO ET BTS AU LYCÉE ÉDOUARD-BRANLY DE LYON

La vie de classe sur YouTube

Comme pour bien des parents, la naissance de son premier enfant a été pour Sophie Guichard le point de départ de nombreux questionnements éducatifs. L'occasion aussi, pour la professeure agrégée de mathématiques qu'elle est, de remettre en question ses méthodes, sous l'influence de la pédagogue Maria Montessori et de la pédiatre Catherine Gueguen. Avec un coup de cœur pour Salman Khan, analyste financier américain reconverti en créateur de cours en ligne gratuits : *« J'ai trouvé ses vidéos géniales ! Je me suis tout de suite demandé comment faire profiter mes élèves de cette idée d'un enseignement à distance adapté en fonction des besoins. »*

DIRE BONJOUR À CHACUN

Créée en 2012, sa chaine YouTube « Mathenvidéo » a rapidement fait la preuve de sa plus-value. Pendant le confinement, lorsque la classe numérique a remplacé ses cours traditionnels, Sophie Guichard n'a donc pas vraiment eu de soucis pour assurer la « continuité pédagogique » : c'est comme à l'école, mais à la maison, lui disent ses élèves, qui pendant trois mois vont travailler, comme ils en ont l'habitude, à partir des vidéos postées par leur prof. Selon une méthode qui fait la part belle à l'autonomie et au collaboratif, Sophie Guichard n'est pas à l'écran : seule apparait sa main qui note, corrige. Pour elle, l'enjeu éducatif est double : *« Booster la culture numérique et instaurer une confiance en soi. »*

« J'AI TROUVÉ QU'IL Y AVAIT QUELQUE CHOSE DE CHOUETTE QUI SE TISSAIT. »

Le confinement a toutefois imposé la mise en place d'un planning précis, ainsi que la création d'une page web pour centraliser tous les documents de cours et d'une chaine YouTube où les élèves pouvaient poster leurs propres vidéos à destination des copains. L'objectif ? *« Garder coûte que coûte du lien. »* Les cours en visio, où chaque élève est interrogé, débutent donc par un appel aménagé. *« Dire bonjour à chacun, demander comment ça se passe à la maison : c'était important de prendre en compte la dimension psychologique du confinement. »* Comme le montrent les points réguliers avec les délégués de classe, les élèves tiennent le coup. *« J'ai trouvé qu'il y avait quelque chose de chouette qui se tissait. J'ai senti qu'ils étaient reconnaissants. J'ai osé joué la carte de la vulnérabilité : pour le prof aussi, c'était dur de faire cours derrière un écran. »*

mathenvideo.fr

TESSA DEIT-BRUMMELHUIS

PROFESSEURE DE FRANÇAIS EN SIXIÈME ET CINQUIÈME AU COLLÈGE LÉON-BLUM DE VILLIERS-LE-BEL (VAL-D'OISE)

En guerre contre le décrochage

Pour sa première année d'enseignement, cette prof de 26 ans a eu droit à un drôle de baptême du feu ! *« Les premiers jours furent un peu compliqués »*, avoue celle qui a choisi l'éducation après un cursus en sciences politiques. *« Peu d'anticipation, pas d'outils interactifs et collaboratifs : mes collègues et moi avons d'abord fait du bricolage. Je me suis rendu compte que passer par les parents, en les appelant via WhatsApp, était le meilleur moyen de communiquer. »*

Recréer du collectif, éviter que l'élève ne se sente seul : tel est le but de l'enseignante, qui parie sur la créativité des enfants. Par exemple, pour l'étude d'un poème, chaque élève lit une partie du texte, qu'il illustre par une vidéo réalisée sur son téléphone. *« Ensuite nous avons fait un montage des films. Ce n'était pas si compliqué à mettre en place. J'ai juste dû m'entrainer à monter les vidéos ! Nous avons aussi travaillé sur des voyages imaginaires, les élèves inventant des iles que j'intégrais sur une carte du monde. Je leur ai aussi proposé d'écrire un journal de bord, plus proche de l'expression personnelle de sentiments que du cours, que j'ai imprimé et envoyé à chacun : le fait de poser des mots sur des ressentis était primordial. »*

LE RISQUE D'UNE ÉCOLE À LA CARTE

Le problème principal, dans un collège en zone d'éducation prioritaire (REP), c'est le risque de décrochage des élèves. *« Il y a ceux qui étaient potentiellement décrocheurs sans que je m'en rende compte. Qui venaient en cours, mais sans avoir fait leurs devoirs, car à la maison c'était compliqué*, explique la professeure de français. *Pour ceux-là, ne plus avoir le cadre du collège et l'obligation de s'y rendre était un risque. Et puis, il y a ceux qui ont lâché prise par manque de matériel, de connexion, d'endroits où travailler… "Je n'ai pas de lieu où parler dans le silence", m'a-t-on expliqué. Alors on les appelle à la maison, on les remotive ; ils sont de nouveau là, ils envoient des semblants de devoirs et puis on les reperd. C'est d'une grande violence. »* Sur une classe d'une vingtaine d'élèves, cinq ou six ont décroché, *« dont un ou deux pour lesquels on aurait pu anticiper, car déjà en grande difficulté »*, regrette Tessa Deit-Brummelhuis, qui évoque aussi tous ceux qui ont malgré tout trouvé des solutions : *« Il faut savoir que la majorité suivait les classes virtuelles uniquement sur téléphone. »*

Comment va-t-elle retrouver ses élèves en septembre ? se demande la jeune femme. *« J'ai peur que la crise ait donné l'idée d'une école à la carte qui se répercute sur le taux d'absentéisme. »* La crise fera-t-elle évoluer le système ? Elle l'espère. *« Nous sommes trop axés sur l'apprentissage de nos matières, avec l'impératif d'un programme à terminer. Il faudrait penser à l'élève en tant que futur adulte en développant ses compétences au-delà du scolaire. Et davantage intégrer les familles : le décrochage des enfants est souvent lié au sentiment de dévalorisation de ceux qui ne se sentent pas pris en compte. »* ◆

« PASSER PAR LES PARENTS VIA WHATSAPP ÉTAIT LE MEILLEUR MOYEN DE COMMUNIQUER. »

DR

« Dis merci au Covid-19, Spot ! »

Raphaël Meursault

•

CRÉÉE EN 1992, RACHETÉE PAR GOOGLE PUIS SOFTBANK, LA SOCIÉTÉ BOSTON DYNAMICS PEINAIT À TROUVER DES DÉBOUCHÉS POUR SES INQUIÉTANTS ROBOTS, DONT LES VIDÉOS INONDENT LES RÉSEAUX SOCIAUX À CHAQUE NOUVELLE PROUESSE. JUSQU'À L'ARRIVÉE D'UN DRÔLE DE CHIEN…

•

On a commencé à le voir évoluer dans des lieux inattendus, des parcs de Singapour, des prairies de Nouvelle-Zélande, une plateforme pétrolière en Mer du Nord, des rues du Massachusetts, un hôpital de Boston… Une créature mobile, un peu inquiétante, ressemblant à un chien qui aurait été conçu par les talents combinés de Tinguely et de Giacometti. Spot, c'est son nom, est un robot créé par une des sociétés stars du genre, Boston Dynamics, sise à Waltham, Massachusetts. 84 cm, 32 kilos, Spot se meut à 5 km/h, peut évoluer sous des températures extrêmes (de - 20° à + 45°) en portant une charge de 14 kilos.

Avant de le commercialiser, son fabricant l'a prêté gracieusement à des organismes, des institutions, des entreprises, afin qu'ils le testent en vue d'une utilisation éventuelle. Les 120 expériences effectuées depuis le début de l'année ont été assez concluantes pour que Boston Dynamic décide de le mettre en vente en juin (uniquement aux États-Unis pour le moment) au prix de 74 500 dollars (soit la bagatelle de 66 300 euros).

Entre les mois d'août et de novembre 2019, Spot avait conquis la police du Massachusetts, principalement l'unité de déminage, par son aisance à ouvrir les portes, capacité des plus utiles dans le cas d'un dispositif piégeux. Les défenseurs des libertés civiles s'en étaient inquiétés… En Nouvelle-Zélande, ce sont les moutons qui n'en sont toujours pas revenus d'avoir été gardés et remis avec autorité sur le droit chemin par ce chien jaune maigrichon qui n'aboyait même pas. La compagnie norvégienne Aker BP, en revanche, savait ce qu'elle attendait du robot en le faisant venir sur sa plateforme en Mer du Nord : inspecter, détecter les fuites d'hydrocarbure : *« Ces choses ne se fatiguent jamais,* se réjouit Kjetel Digre, le vice-président de la société. *Et elles ont une grande capacité d'adaptation et de collecte de données. »*

Bob O'Connor

AU CONTACT DES PATIENTS

Réjoui également, le personnel soignant du Brigham Hospital de Boston, après avoir reçu le renfort de Spot en pleine crise du Covid-19. *« Selon le protocole des hôpitaux,* raconte un médecin, *les patients suspectés d'être atteints par le virus doivent faire la*

UN TOUTOU À 70 000 EUROS. Spot est plutôt cher pour un chien aux caractéristiques somme toute banales : avec ses 84 cm au garrot et ses 32 kilos, il se déplace à 5 km/h sur ses quatre pattes graciles. Principal avantage par rapport à son équivalent à poils : il peut porter des charges lourdes sous des températures extrêmes sans tirer la langue, et permet de sacrées économies en croquettes.

queue dans des tentes à l'extérieur pour répondre à des questions et pour l'évaluation de leur température.» Le processus nécessite la présence de cinq membres du corps médical et ces gens courent un risque élevé de contracter le virus. Grâce à l'utilisation d'un robot mobile comme Spot, l'hôpital a été en mesure de réduire le personnel nécessaire. Spot a en effet été configuré pour être la seule «personne» en contact avec les patients : il porte une tablette sur laquelle apparait le médecin, qui effectue ainsi la consultation à distance.

À Singapour, on ne sait si les promeneurs ont été particulièrement réjouis d'entendre brusquement une voix féminine sortir de la «bouche» de ce chien mécanique et leur intimer sèchement de respecter la distanciation sociale. Les caméras dont Spot est bardé lui permettent par exemple de compter les personnes présentes dans un parc, mais ne recueillent – officiellement – aucune donnée personnelle.

Ces différents rôles tenus par le robot au cours de la pandémie constituent autant d'atouts évidents pour sa commercialisation (Boston Dynamics prévoit pour l'instant d'en produire 1 000 par an).

DÉMÉNAGEUR SUR ROUES. Voilà un spécialiste de la manutention. Avec ses bras articulés munis de ventouses, Handle peut saisir des cartons de 15 kg et les ranger sur des palettes d'entrepôt.

D'autant que les ingénieurs travaillent à l'extension de ses fonctions sanitaires, par exemple la désinfection, grâce à des rayons UV, de zones où le virus est fortement présent.

Vingt-huit ans après sa création par Marc Raibert, Boston Dynamics pourrait donc enfin être rentable. La suite d'un feuilleton qui avait failli mal tourner. En 2013, Google rachète Boston Dynamics dans l'espoir de lancer une filière robotique. Espoir déçu par un manque de rentabilité et une trop grande autonomie des équipes de l'entreprise. Si bien qu'en 2017, le géant du numérique décide de s'en séparer. Et c'est le japonais Softbank qui se porte acquéreur. Passionné de robotique (il avait déjà racheté en 2012 le français Aldebaran et son robot-vedette Pepper), Masayoshi Son, son PDG, n'en est pas moins un redoutable homme d'affaires. Pas le genre à se contenter de voir ses robots faire le buzz sur YouTube comme l'ont fait si longtemps les créatures du surdoué Raibert – passé par le fameux Massachusetts Institute of Technology (MIT) et son pendant californien (Caltech), mais aussi par la NASA. Lui et ses ingénieurs, plus toqués de R&D que de business, ont longtemps bénéficié des subventions de la Darpa (l'agence techno du département de la Défense des États-Unis) et d'autres organismes gouvernementaux pour donner libre cours à leur créativité. Non humanoïdes (à l'exception d'Atlas et de Petman, « nés » en 2013), les robots de Boston Dynamics visaient jusqu'à ces dernières années le marché militaire.

BONDS DE 10 MÈTRES

Le premier, l'impressionnant BigDog, pouvait porter une charge de 150 kilos à plus de 6 km/h – et ce sur des pentes à 35°. Outils rêvés pour des soldats en campagne. Las, son moteur à essence était trop bruyant et posait des problèmes de ravitaillement. L'armée américaine ne l'a pas adopté. Même échec pour Cheetah (moteur électrique) dont l'atout de ses 45 km/h était annulé par l'obligation d'être rechargé à une borne stationnaire. Suivirent WildCat (25 km/h), la « sauteuse » SandFlea avec ses quatre roues et ses bonds de 10 mètres. Sans oublier Handle, un automate sur roues destiné à la manutention et qui, comme Spot, semble promis à un bel avenir. En mars, Boston Dynamics s'est allié à Otto Motors pour pousser encore plus loin l'automatisation des marchandises en entrepôt. Handle, avec sa capacité à déplacer et ranger les palettes, est désormais secondé dans les centres de distribution par la plateforme mobile Otto 1500.

Entre lui et Spot, 2020 s'annonce comme le grand cru tant attendu par les petits génies de l'équipe Raibert, et leur investisseur japonais. Et si un de ces jours vous croisez le chien Spot au coin de la rue, n'ayez pas peur : comparé à son « frère », le colosse Atlas (à droite), il n'est que douceur. ◆

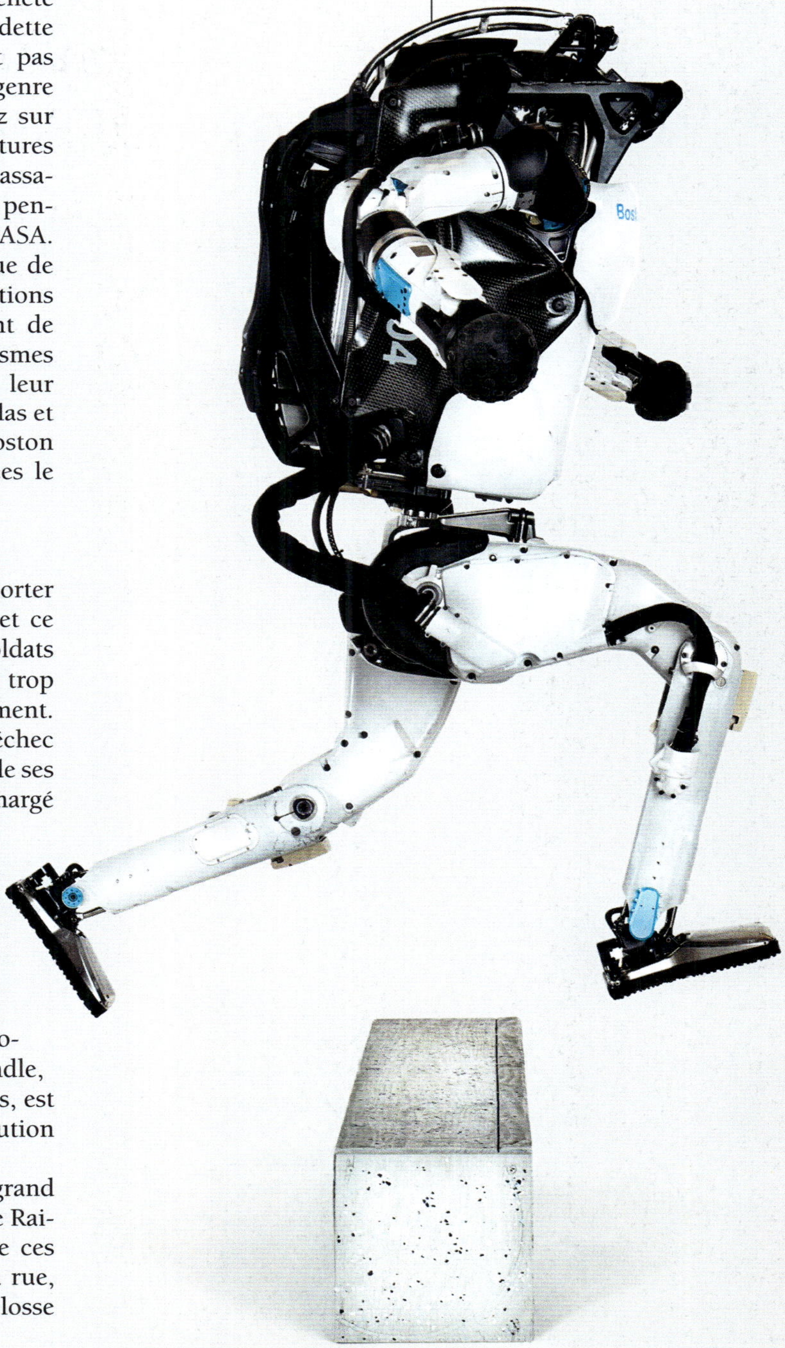

UN GÉANT ROI DES GALIPETTES. Avec son mètre 88, Atlas est plutôt du genre baraqué. Ce qui ne l'empêche pas de faire preuve de souplesse : ce robot humanoïde sait utiliser tout son corps – jambes, bras, torse – pour effectuer des saltos arrière, faire le poirier ou franchir un parcours d'obstacles.

Boston Dynamics – Bob O'Connor

C'EST NOUVEAU ET ÇA VA CHANGER VOTRE VIE... OU PAS

Cyril Fiévet

AMUSE GEEK

La « boite à musique » rétro se modernise, avec appli mobile pour composer soi-même des mélodies et programmer leur lecture. **À partir de décembre 2020, 475 €. murobox.com**

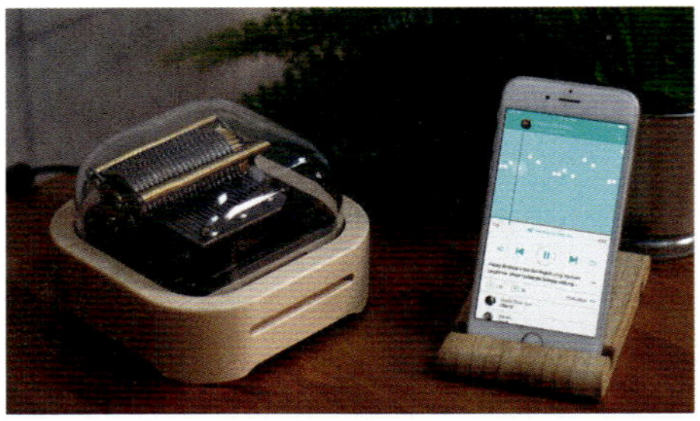

VOYAGEZ TOUJOURS PLUS HAUT

Poussez le principe de montgolfière à l'extrême et vous obtiendrez Space Perspective, une nouvelle entreprise qui entend commercialiser *« des voyages en ballon aux frontières de l'espace »*. Sa nacelle pressurisée abritera huit passagers, avec un bar et des toilettes. Le ballon, d'une hauteur de 200 mètres, n'utilisera pas d'hélium, mais de l'hydrogène, moins rare et plus écoresponsable. Comptez six heures par voyage, avec un pic à 30 km d'altitude : pas vraiment l'espace (dont la frontière est à 100 km), mais malgré tout un point de vue imprenable sur la planète. Reste le prix du voyage, qui devrait atteindre 110 000 euros par personne. De quoi faire réfléchir à deux fois les amateurs d'altitude.

thespaceperspective.com

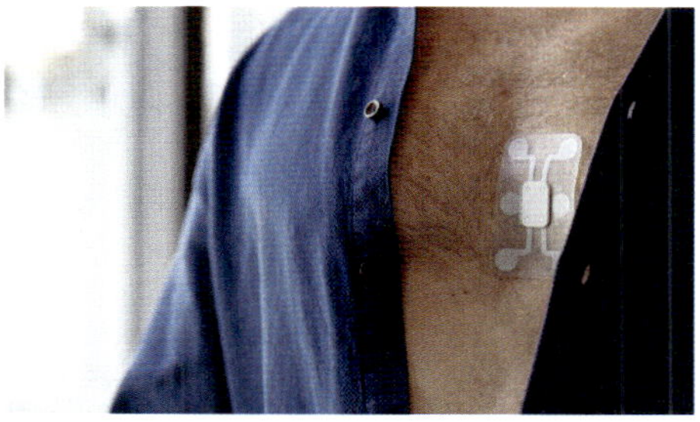

ÉLECTRO-CARDIO DE POCHE

Ce capteur se colle sur la poitrine et se porte 24 heures sur 24 pour établir un électrocardiogramme de qualité professionnelle. Une appli alerte, conseille et met en contact avec des cardiologues en téléconsultation.

À partir de mai 2021, 159 €. wearlinq.com

IL OBÉIT AU DOIGT ET À L'ŒIL

Nouvel entrant sur le marché, ce casque de réalité virtuelle est léger, puissant, compatible 5G et, surtout, dépourvu de contrôleurs : il détecte et interprète le mouvement des mains et des doigts.

530 €. xrspace.io

MASQUE AUTONETTOYANT

Conçu aux États-Unis, Leaf est représentatif d'une tendance vers des respirateurs grand public sophistiqués, affichant des performances de niveau professionnel. Transparent, avec sa coque en silicone biocompatible et 100 % recyclable, il offre une protection sérieuse contre la pollution, les bactéries et les virus. Le bas du respirateur abrite deux filtres, l'un en fibres de carbone éliminant poussières et odeurs, l'autre bloquant 99,9 % des particules de 0,3 micron. De quoi respecter le standard N99 – ce qui garantit un filtrage supérieur aux normes FFP2 ou N95. L'objet se décline en plusieurs modèles, certains équipés d'un dispositif autonettoyant à base de lumière UV-C : les filtres sont automatiquement désinfectés quand on enlève le masque.

De 43 € à 177 €. leaf.healthcare

LE PREMIER **SOUS-MARIN** DE SÉRIE

Seul submersible au monde produit en série, le Nemo est disponible en quatre coloris. Ce sous-marin digne de James Bond est particulièrement polyvalent : transportable en voiture, facile à piloter (avec un contrôleur de type console de jeux), il peut emporter deux passagers à 100 m de profondeur pendant huit heures. On peut même l'équiper d'un bras robotique.

À partir de 975 000 €. nemo-submarine.com

DR

ELLE CARBURE AU SOLEIL

Aptera assure que sa voiture électrique et solaire, à trois roues et deux places, sera la plus efficace du marché – jusqu'à 60 km d'autonomie grâce à un seul rechargement au soleil. Après plusieurs levées de fonds en 2020, l'entreprise vise une production de série en 2022. **aptera.us**

LA POUBELLE INVENTION

Les capteurs Lidbot, qui s'installent sur n'importe quelle poubelle (mais d'abord celles d'entreprises et de lieux publics) pour détecter leur niveau de remplissage et mieux optimiser la collecte des déchets. Les données sont gérées dans une blockchain pour accroitre traçabilité, interopérabilité et automatisation.
lidbot.com

PLANCHE À DÉCAMPER

Le Walkcar avait été annoncé en 2015, mais il aura fallu cinq ans pour le finaliser et le commercialiser (au Japon, pour le moment). Une longue attente pour un véhicule qui promet, une fois de plus, de réinventer la mobilité urbaine. Mais l'engin est plutôt convaincant. De la taille d'un ordinateur portable, stable (4 roues), léger (2,9 kg), autonome (5 à 7 km), rapide (6 à 16 km/h) et assorti d'un pilotage intuitif par inclinaison du corps (avec arrêt automatique dès qu'on en descend), l'appareil se charge en 60 minutes et peut transporter 80 kg. Trottinettes et skateboards en tremblent déjà.

Environ 1 640 €. cocoamotors.com

WE APRÈS-DEMAIN

VISION BIONIQUE

Cet œil artificiel, mis au point à Hongkong après neuf ans de travaux, reproduit les principes de l'œil humain via des nanocapteurs. Il pourrait même surpasser notre vision (précision, vision nocturne…) sans nécessiter d'électricité pour fonctionner. **ust.hk**

IMPLANTS LILLIPUTIENS

Ce film magnétoélectrique, ici posé sur des grains de riz, servira d'implant sans fil et sans batterie. Il pourra traiter maladies neurologiques et douleurs chroniques en stimulant le cerveau ou le système nerveux. **rice.edu**

TAPIS SONORES

Ikea expérimente et imagine divers habitats futuristes. Celui-ci permet de visualiser la musique via des vagues de particules colorées qui s'affichent en réalité augmentée sur le sol et les murs.
everydayexperiments.com

DR

CHANGEONS POUR LES
GÉNÉRATIONS
FUTURES
FONDATION
GROUPE EDF
Exposition
COURANTS
VERTS
Espace
Fondation EDF
Créer pour
l'environnement
16.09 →
31.01.2021

ENVIRONNEMENT, NUMÉRIQUE, PRODUCTION

Reprendre la main sur nos futurs

The Great Indecision Council, de Romain Tardy.

Romain Tardy

Parfois, le futur semble déferler sur nous telle une vague. Il est pourtant le fruit de nos actes, de nos choix individuels, de nos décisions collectives, de nos pensées.

Partout, les initiatives se multiplient, se mêlent et s'intensifient pour opposer de durables et beaux lendemains à notre présent vertigineux. Artistes, scientifiques et ingénieurs cessent de se toiser, mais se retroussent les manches. Partagent savoirs et techniques. S'attellent aux défis du monde. Élaborent les utopies qui feront – peut-être – du XXIe siècle la plus belle réussite de l'humanité.

C'est cet avenir que le festival Lumières sur le Quai se propose d'explorer en ce mois d'octobre. Dans les pages suivantes, cinq actrices et acteurs de notre temps, dont la plupart seront présents au festival, prennent la parole et font le point sur les possibles, le réel, les solutions. Et ce dans trois domaines majeurs : le vivant, le numérique et la production. Trois secteurs à repenser de fond en comble pour, à nouveau, profiter de notre intelligence, de nos existences et surtout de notre bonne vieille Terre. ◆

Reprendre la main sur nos futurs : c'est le thème du festival Lumières sur le Quai, qui se tiendra du 10 octobre au 1er novembre à Toulouse. Des personnalités de tous horizons s'y mettront au service du public lors de nombreuses expériences interactives : tables rondes, ateliers, spectacles, repas-débats, science participative, balades, expositions, podcasts. Plus d'infos sur www.quaidessavoirs.fr

toulouse métropole

QUAI DES SAVOIRS

PSYCHÉPLANCTON

Présentée à l'hiver 2019 à New York, *Arcadia Earth* est une œuvre immersive imaginée par Valentino Vettori. Avec ses quinze salles comprenant installations, projections vidéo, réalité virtuelle et réalité augmentée, c'est un voyage multisensoriel au cœur de ce que la Terre a de plus précieux et de plus beau. Ici, un aperçu de la salle «Oxygene Oasis», conçue par Justin Bolognino, Eric Chang et le collectif multidisciplinaire META. On y visite les fonds marins, éclairés par des orbes lumineux qui prolifèrent au sol et montent jusqu'au ciel, à l'image de l'oxygène produit par le phytoplancton. Un miracle quotidien qu'il nous appartient de préserver.

Page de gauche : Justin Bolognino/META - Photo : David Mitchell

Réparer nos liens avec le **vivant**

Julien Millanvoye

Notre existence dépend de l'environnement et de ses écosystèmes. Partout, de nouvelles idées, de nouvelles pratiques, émergent pour leur redonner une juste place. Comment réconcilier la nature et l'humain ? Les réponses d'une scientifique et d'un artiste.

Page de droite : Florent Cattelain

AUDREY DUSSUTOUR, ÉTHOLOGUE
« C'EST RÉALISABLE, Y COMPRIS EN VILLE »

Éthologue au CNRS au sein de l'université Paul-Sabatier, à Toulouse, Audrey Dussutour s'est fait connaitre du grand public en présentant le blob, mystérieux organisme unicellulaire, ni tout à fait animal, ni complètement végétal, récemment introduit au zoo de Vincennes. Pour elle, retrouver l'émerveillement face à la complexité de la nature et la comprendre telle qu'elle est sont les étapes essentielles pour reprendre la main.

D'UNE MANIÈRE UTOPIQUE, À QUOI POURRAIT RESSEMBLER, SELON VOUS, L'AVENIR DANS LE DOMAINE DU VIVANT ?

L'avenir me parait plutôt sombre, mais je crois encore une prise de conscience possible. La sensibilité à la nécessité de préserver la biodiversité ne fait que croitre. Bien des choses sont encore réalisables, y compris en ville et sans trop bouleverser nos modes de vie. Je pense par exemple aux couloirs verts : il suffit d'avoir des arbres dont les feuilles se touchent pour que nombre d'insectes puissent circuler de l'un à l'autre, traverser des villes entières, échanger et prospérer. Ce type de réseaux verts pourrait contribuer à protéger la biodiversité. Ce qui est indispensable, car les insectes, les plantes, les animaux, tous les êtres vivants, constituent un réseau. En perdre un nœud peut s'avérer tragique pour l'ensemble de la chaine.

QUELLES DÉCOUVERTES VOUS FONT-ELLES RÊVER OU VOUS ÉMERVEILLER ?

J'ai été ravie d'apprendre qu'à Leipzig, des chercheurs allemands ont découvert *[en mars]* une bactérie mangeuse de plastique, capable de se nourrir de polyuréthane et de le décomposer. Se dire que l'humanité, pour qui le problème du plastique est colossal, sera peut-être sauvée par l'un des organismes les plus simples et les plus anciens du monde, voilà qui me rappelle à quel point nous dépendons du vivant. Certes, à elle seule, elle ne pourra pas nous débarrasser de l'ensemble de nos déchets plastique. Il faudrait, pour cela, la transformer génétiquement… Mais c'est envisageable.

ET DANS VOTRE CHAMP, QUELS CHANGEMENTS EN COURS VOUS AIDENT À IMAGINER UN FUTUR MEILLEUR ?

En recherche animale, il n'est pas vraiment pertinent de déduire, à partir d'observations en laboratoire, des comportements dans l'espace naturel. Or, nous aussi sommes entrés dans l'ère du Big Data : aujourd'hui, tous les animaux peuvent être filmés, mais aussi équipés de puces RFID qui recueillent quantité de données. La migration, longtemps un grand mystère, peut par exemple être suivie à travers les continents.

Surtout, nous commençons à comprendre comment les animaux perçoivent le monde, au lieu de calquer sur eux nos propres représentations. Ainsi, les fourmis ne voient pas le rouge, mais elles distinguent les ultraviolets. Donc, elles évoluent dans un monde perceptible totalement différent du nôtre. Et ce monde-là, nous pouvons enfin l'appréhender. Un chercheur du Centre de biologie intégrative de Toulouse, Antoine Wystrach, a ainsi imaginé une expérience passionnante : une fourmi évolue sur une petite balle, qui tourne sur elle-même, et est entourée d'un écran sphérique, sur lequel est projeté un monde en réalité virtuelle. En modifiant les images, on peut comprendre ce qui va l'affecter ou pas. Ce vers quoi elle se dirige et ce qu'elle évite. Ce qui est saillant dans son monde ou non. L'imagination, alliée à la technologie, nous permet enfin d'appréhender les multiples réalités du monde vivant. ◆

Photographie de Coline Jourdan réalisée en 2020 dans le cadre de la Résidence 1+2. Ce programme liant science et photographie se tient chaque année à Toulouse. Il rassemble trois artistes durant deux mois, sous le parrainage d'un ou d'une scientifique – cette année l'océanologue Catherine Jeandel.

Coline Jourdan/Résidence 1+2, 2020 – Sylvain Larosa

FRÉDÉRIC FERRER, DRAMATURGE

« L'ART POUR DÉCOUVRIR DES CHEMINS »

Avec sa compagnie Vertical Détour, Frédéric Ferrer met en scène des « Cartographies » : des spectacles, sous forme de conférences délirantes, oniriques, absurdes, pourtant issues d'enquêtes de terrain, auprès de chercheurs, d'acteurs économiques, de consommateurs. Le rêve et l'humour s'emparent de questions des plus sérieuses, comme l'extinction de la morue, tragédie écologique et économique. L'art sauvera-t-il l'humanité ?

D'UNE MANIÈRE UTOPIQUE, À QUOI POURRAIT RESSEMBLER, SELON VOUS, L'AVENIR DANS LE DOMAINE DU VIVANT ?

En 2050, ce que l'on pourrait souhaiter à l'humanité, c'est d'avoir fait en sorte que le jour du dépassement de la Terre *[jour de l'année où l'humanité a dépensé les ressources que la Terre peut régénérer en un an]* soit le 31 décembre, ou même ne soit jamais atteint. Quand on aura réussi cela, on sera sorti du dépassement de notre propre empreinte sur Terre.

QUELLES ÉTAPES DOIT-ON FRANCHIR POUR Y PARVENIR ?

Tout ce que l'on sait, c'est qu'il nous faut décarboner au maximum. Ce n'est pas l'enjeu de demain, mais d'aujourd'hui. Les chemins sont multiples, à tous niveaux : dans l'agriculture, les transports, l'urbanisation, les échanges. Je ne crois pas, en revanche, aux solutions de géo-ingénierie : là, pour moi,

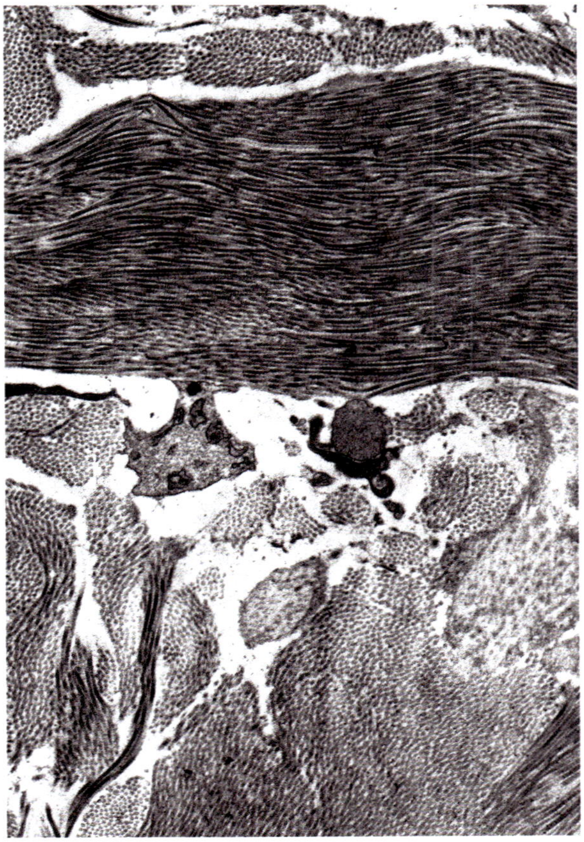

Photographie de Lucía Peluffo réalisée en 2020 dans le cadre de la Résidence 1+2.

c'est du domaine de la folie… De la folie du monde d'aujourd'hui, tel qu'il est.

QUELLE IDÉE, QUELLE DÉCOUVERTE OU QUELLE INNOVATION VOUS ONT-ELLES RÉCEMMENT FAIT RÊVER ?

J'aime beaucoup les retournements inattendus. Pour ma prochaine « Cartographie », je travaille sur le lapin de Kerguelen, qui n'était pas présent sur ces îles, mais que l'être humain a introduit, comme réserve de nourriture pour les marins. C'est devenu une espèce invasive, qui a ravagé la biodiversité locale. Plus récemment, sans doute par le biais de graines trainant sur les semelles d'un voyageur, est arrivé à Kerguelen le pissenlit, autre espèce invasive, qui menaçait tout ce qui restait de biodiversité végétale. Or, le lapin adorant le pissenlit, il s'en repait : le voici désormais un garant de ce qu'il reste de biodiversité. Je crois à ce genre de retournement : dans tous les domaines, tout peut changer de manière inattendue.

« Je me plais à imaginer des compagnies théâtrales qui se déplaceraient en naviguant sur les fleuves. »

À QUOI POURRAIT RESSEMBLER LE SPECTACLE VIVANT DE DEMAIN ?

Je pense qu'il doit s'emparer des enjeux écologiques. Dans ses formes, en imaginant des façons de tourner qui ne soient pas aussi consommatrices de carbone – je me plais à imaginer des compagnies théâtrales qui se déplaceraient en naviguant sur les fleuves. Mais aussi, cette question doit arriver sur les plateaux, dans les propos. Il y a plein de manières esthétiques de l'aborder. Le réalisme, le symbolique, l'onirique, la tragédie, l'humour… La matière est vertigineuse. Or, les scientifiques, les ingénieurs, les politiques aussi, ont besoin d'art pour découvrir des chemins qu'ils ignoraient pouvoir prendre, mais qu'une intuition artistique peut leur révéler. ◆ **verticaldetour.fr**

PENDANT CE TEMPS, DANS LE MONDE…

- **La ville de Logansport, dans l'Indiana, ferme sa dernière centrale à charbon pour la remplacer par une ferme solaire comprenant des habitats pour abeilles et papillons.**
- **Après la crise du Covid-19, onze métropoles, dont Milan, Medellín et Los Angeles, s'engagent pour des villes « plus justes et plus vertes ».**

Photographie d'Émeric Lhuisset réalisée en 2020 dans le cadre de la Résidence 1+2.

VIDER LA CORBEILLE

« Comment convaincre les gens que recycler les déchets numériques, c'est cool ? », s'est demandé l'artiste canadien Benjamin Von Wong. 2 tonnes de déchets numériques – l'équivalent de ce que consomme un Américain au cours de sa vie – revivent avec cette installation bien réelle, au sein de laquelle trône la mannequin Clara Coutier en cyborg futuriste. L'œuvre a été réalisée en partenariat avec la société informatique Dell, qui lançait alors le plus vaste projet de recyclage d'e-detritus au monde, récupérant et recyclant tout ce qui peut l'être dans les ordinateurs jetés dans 80 pays du globe. Le but : convaincre plus de personnes de leur confier, à eux plutôt qu'aux décharges, leur matériel numérique.

Page de gauche : Benjamin Von Wong

Dompter le numérique

Julien Millanvoye

Le numérique nous envahit. Nos données personnelles circulent hors de tout contrôle et nous sommes gavés d'informations, vraies et fausses. Mais nous pouvons encore apprendre à dompter cette formidable révolution. Les regards d'une chercheuse et d'un artiste.

Page de droite : Pierre Métivier

LAURENCE ALLARD, SOCIOLOGUE

« UNE PISTE : RENOUER AVEC LE PEER-TO-PEER »

Face à la « captologie », ces recherches menées par le marketing et les réseaux sociaux pour capter notre attention en permanence, Laurence Allard propose de riposter. Maitresse de conférences à l'université de Lille et chercheuse en sciences de la communication à Paris-3, elle défend les « capteurs citoyens », des outils permettant à toutes et tous de se tenir informés – des taux de pollution de l'air, par exemple. Réapproriation, réutilisation, créativité : pour elle, cette trilogie ouvre la voie à un numérique au service de l'humain.

À QUOI POURRAIT RESSEMBLER L'AVENIR DANS LE DOMAINE DU NUMÉRIQUE, PAR EXEMPLE EN 2050 ?

Toujours plus de connexions et de composants, ce n'est pas viable. Je ne crois donc pas au mythe du high-tech, de la Silicon Valley, mais au ralentissement de cette course. Je qualifierais mon utopie de numérique « dépareillé », bien décrit par les imaginaires cyberpunk, surtout dans leur version japonaise, comme le manga *Cowboy Bebop*. Ces univers donnent toute une part au *junk*, au déchet électronique. À leur réutilisation, sous des formes différentes. Songeons aussi au *Manifeste cyborg* de Dona Haraway, qui sort du concept militariste, viriliste, du cyborg, pour une vision d'harmonie, de coexistence entre différentes espèces et entités. L'avenir sera hybride, fait de déchets qui se réparent et trouvent de nouvelles utilisations, grâce aux ressources laissées à l'abandon.

QUELLES ÉTAPES DOIT-ON ENCORE FRANCHIR POUR Y PARVENIR ?

Durant le confinement, nous avons retrouvé l'Internet des échanges désintéressés, libres et gratuits, à l'image de ce qu'avait inventé le peer-to-peer. On a beaucoup parlé des plateformes de diffusion payantes, type Netflix, mais on a eu aussi accès à la mise en ligne de contenus gratuits, de formations dans une quantité phénoménale, dans une mutualisation du stockage et des bandes passantes qui permet de vastes économies énergétiques. Renouer avec la technologie peer-to-peer, avec le Napster du début du siècle, est une bonne piste.

Mais aussi mieux informer sur le réel du numérique. On s'intéresse à l'extractivisme des données, mais très peu à l'extractivisme minier, qui est un drame environnemental, humain et social : on a beaucoup pleuré nos données personnelles, et très peu les enfants qui extraient les métaux rares que l'on retrouve dans nos smartphones.

QUELLE IDÉE, QUELLE DÉCOUVERTE OU QUELLE INNOVATION VOUS ONT-ELLES RÉCEMMENT FAIT RÊVER ?

Les espaces de fabrication collective, comme les *repair cafés*, sont passionnants. Dans ces lieux, on peut

apporter son matériel électronique cassé, grille-pains, écrans, imprimantes, pour les réparer ou leur donner une seconde vie. Dans une imprimante scanner par exemple, les rails sont d'une telle densité de métal qu'ils peuvent être transformés en outils très puissants. La couche protectrice sous le capot peut servir à la balance des blancs des photographes. C'est aussi une belle occupation pour les anciennes générations, dont les savoir-faire inusités peuvent retrouver leur pleine utilité.

À QUOI POURRAIENT RESSEMBLER LES SCIENCES HUMAINES, DEMAIN ?

Il me semble que la multidisciplinarité sera la règle. Des cursus qui mêlent les humanités et les enseignements géophysiques, biologiques, la chimie de la pollution, l'épidémiologie, et inversement… Il faut réconcilier les sciences naturelles et humaines, et articuler les disciplines avec les vivants, par les vivants, pour les vivants. Ce serait un beau projet académique. Avis au ministre de l'éducation ! ◆

Scrolling, installation de Maxime Matthys (2020).

ROMAIN TARDY, ARTISTE

« IL FAUT UNE ÉDUCATION RÉELLE AU NUMÉRIQUE »

La dimension numérique caractérise la nouvelle condition humaine. Romain Tardy s'en empare dans des installations artistiques, réelles et matérielles. Cofondateur du label visuel européen ANTIVJ, il est connu entre autres pour *The Great Indecision Council* (voir pages d'ouverture), une œuvre dans laquelle les recherches Google les plus populaires sont converties en signaux lumineux dans un cercle de 12 mètres de diamètre baignant dans une nappe musicale contemplative. Un lieu pour prendre de la distance avec nos égos surinformés. Un droit à la déconnexion niché au cœur même du réseau.

D'UNE MANIÈRE UTOPIQUE, À QUOI POURRAIT RESSEMBLER,

Haut : Romain Tardy – Bas : Maxime Matthys

Future ruins, installation de Romain Tardy (2015).

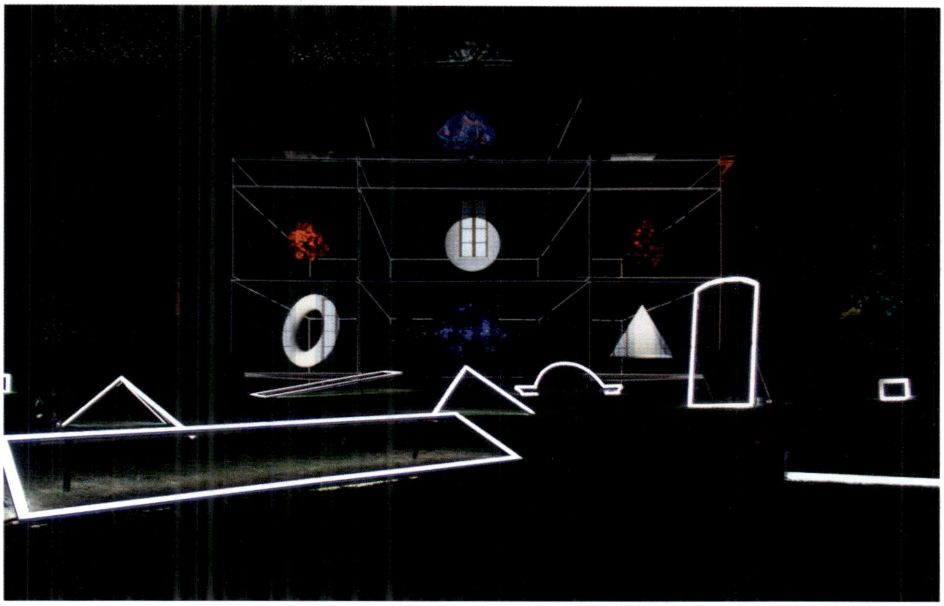

Romain Tardy

SELON VOUS, L'AVENIR DANS LE DOMAINE DU NUMÉRIQUE ?

Je ne suis pas quelqu'un qui se projette facilement… Je suis plutôt intéressé par ce que l'on peut faire, ici et maintenant. Or, dans mes lectures, dans mes explorations artistiques, dans mes rencontres, je sens monter une prise de conscience de la nécessaire sobriété énergétique. Pour ma part, j'ai longtemps fait de l'animation vidéo. Cela demande une étape, le rendu, qui est extrêmement lourde : les fichiers sont envoyés à des fermes de serveur, et les calculs pris en charge par 200 ou 300 ordinateurs. C'est à mon sens une énorme responsabilité écologique.

La question de la matérialité du numérique est primordiale. C'est pourquoi j'essaie désormais d'entretenir les machines, de les faire durer le plus longtemps possible : l'ordinateur sur lequel tourne *The Great Indecision Council* date de 2009, et il suffit amplement pour cette tâche particulière. La puissance n'a pas d'intérêt, c'est son usage qui en a. Il faut donc la canaliser, et non courir après.

> **« Il faudrait songer aux milliers d'ordinateurs qui gisent, inutilisés, dans des entrepôts d'ici et d'ailleurs. »**

QUELLE IDÉE, DÉCOUVERTE OU INNOVATION VOUS ONT-ELLES RÉCEMMENT FAIT RÊVER ?

La mutualisation des moyens de production. Pendant la crise du Covid, nous avons monté, en Belgique, une initiative de partage de matériel, qui nous a pas mal sauvé la mise et qui va se poursuivre dans la durée, et peut-être à l'international. Voilà un maillon d'une possible solution, parmi des millions de pistes, puisque l'on dénombre autant de pratiques que d'individus. On a beaucoup parlé, ces derniers temps, de la fin du monde versus la fin du mois, mais la solution est à l'intersection des deux. Le partage résout l'un et l'autre : les dépenses financières comme la consommation de matériel. On pense parfois aux milliers de logements vides en ville : il faudrait songer aussi aux milliers d'ordinateurs qui gisent, inutilisés, dans des entrepôts d'ici et d'ailleurs.

QUELLES ÉTAPES VOUS PARAISSENT-ELLES NÉCESSAIRES POUR REPRENDRE LA MAIN SUR NOTRE AVENIR ?

Il faut une réelle éducation au numérique. Comme on apprend aux enfants à ne pas traverser au feu rouge, nous devons leur enseigner comment se comporter en ligne, pour ne pas pratiquer le harcèlement, pour vérifier ce qui est affirmé ici ou là, pour contrôler leur consommation, leur attention, fragmentée en permanence par les propositions de l'Internet.

DANS VOTRE CHAMP, QUELS CHANGEMENTS EN COURS VOUS AIDENT À IMAGINER UN FUTUR MEILLEUR ?

Les projets les plus transversaux et les plus collaboratifs. Par exemple, en danse, on constate que bien des personnes dansent seules, se filment, se diffusent sur le Net, échangent par les réseaux sociaux, mais ne se rencontrent pas. Le collectif La Horde les invite à danser ensemble, et c'est très beau, ces individualités enfin mêlées dans le monde le plus concret. Au fond, je voudrais que le numérique prenne moins de place, et mieux la place. ◆

romaintardy.com

PENDANT CE TEMPS, DANS LE MONDE…

- **Détecter les feux de forêt qui couvent avant l'apparition de la moindre flamme : c'est l'objet du projet Edwin, développé par Utopia Fiber. Actuellement en test dans l'Utah, cette IA a permis de stopper son premier incendie en juillet.**
- **À Séoul, des chercheurs ont développé une toile d'araignée artificielle en hydrogel, capable de se débarrasser de l'eau et des saletés, ce qui pourrait à terme permettre aux robots de s'autonettoyer.**

UN MONDE CODÉ

Avec la pandémie du Covid-19, le code QR est devenu un peu plus indispensable et omniprésent dans nos vies. Au restaurant, par exemple : on braque son smartphone sur un code figurant sur la table et hop, on peut consulter le menu sans manipuler de papier. En Grèce, les autorités assignent même à chaque touriste étranger un code QR personnel pour faciliter son suivi épidémiologique. Ce monde où des informations complexes nous environnent et sont accessibles d'un simple geste préfigure-t-il une plus grande accessibilité de la connaissance ? Reprendre la main sur nos futurs, c'est aussi utiliser ce type de technologie pour favoriser la fabrication locale et l'intelligence collective.

Fabriquer un autre futur

Jean-Jacques Valette

Renouveler les imaginaires : une étape indispensable pour bâtir ensemble un futur plus heureux et plus épanouissant que celui qui nous semble promis. L'écrivain de science-fiction canadien Cory Doctorow nous aide à le faire avec son inspirant *Walkaway*.

Il existe un roman qui parvient à redonner espoir dans l'avenir et imaginer une sortie des crises par le haut existe. Cette fleur dans le désert post-apocalyptique se nomme *Walkaway*. Paru en 2017 en anglais et encore non traduit, il est signé Cory Doctorow, journaliste et blogueur canadien connu pour son activisme en faveur des licences Creative Commons. De lui, on peut lire en français *Dans la dèche au Royaume Enchanté* (Gallimard, 2008), *Little Brother* (Pocket jeunesse, 2012) ou *De beaux et grands lendemains* (Goater, 2018). Dans *Walkaway*, les héros construisent une nouvelle société, où tout serait offert car imprimé en 3D à partir de déchets recyclés (quitte à pirater quelques brevets au passage). L'art, la science et la débrouille s'y mêlent pour dessiner un futur désirable.

PEUT-ON REPRENDRE LA MAIN SUR NOS FUTURS ?

On ne peut pas prédire l'avenir, mais on peut l'influencer. Une chose est sure : nous allons subir un changement climatique mondial. Cela va changer radicalement nos sociétés. Je ne crois plus à la théorie d'une sorte de communisme de luxe, entièrement automatisé, où la technologie nous libèrerait du travail, pour que nous profitions d'une vie oisive grâce aux robots. Au contraire, le réchauffement va nous donner le plein-emploi pour les 300 prochaines années car nous allons devoir faire face à des chantiers immenses. Il faudra déplacer les villes côtières de 20 kilomètres face à la montée des eaux, tout en luttant contre des incendies de forêt, des pandémies, des espèces invasives fuyant leurs habitats devenus invivables, tout en gérant des millions de réfugiés climatiques. Mais ce n'est pas entièrement un mal : non seulement nous aurons tous un travail, mais en plus il sera plein de sens, car si on le mène à bien, on se sauve nous et la planète.

VOTRE ROMAN IMAGINE UNE SOCIÉTÉ UTOPIQUE, FONDÉE SUR LA GRATUITÉ. EST-CE AINSI QUE VOUS VOYEZ L'AVENIR ?

Le concept de gratuité est là pour mettre le doigt sur un problème que nous avons au Burning Man, ce festival gigantesque dans le désert du Nevada que je fréquente depuis maintenant une dizaine d'années. Les vétérans sont très généreux, mais les novices ont beaucoup de mal à ne pas être réciproques, à ne pas offrir quelque chose en retour quand on leur fait un cadeau. C'est humain : nous voulons toujours être agréables avec ceux qui le sont pour nous. Mais dans le même temps, nous avons besoin d'une forme de générosité non transactionnelle pour survivre. Les mesures climatiques prises aujourd'hui bénéficieront à nos petits-enfants et nous n'en serons jamais payés de notre vivant. C'est comme le port du masque pour le Covid-19. On ne le porte pas tant pour se protéger soi-même que pour de parfaits inconnus. Ce sens d'une destinée commune, au-delà du temps et de l'espace, est critique pour la survie de notre espèce.

Page de gauche : Mitya Ivanov – Droite : Jonathan Worth/Creative Commons

« Je ne crois plus à la théorie d'une sorte de communisme de luxe où la technologie nous libèrerait du travail. »

VOTRE UTOPIE A AUSSI POUR FONDATION L'IMPRESSION 3D. UNE ÉTAPE INCONTOURNABLE DU CHANGEMENT ?

Paradoxalement, les chantiers d'adaptation auront eux aussi une empreinte écologique énorme. Fabriquer des panneaux solaires demande beaucoup d'énergie, encore plus de béton pour rebâtir nos villes. L'impression 3D a énormément de potentiel, mais je l'emploie surtout comme une métaphore du processus d'automatisation.

À QUOI POURRAIT RESSEMBLER LE MONDE DE DEMAIN ?

Walkaway est conçu pour faire réfléchir à ce que sont les humains dans des situations extrêmes. Je crois que l'homme n'est ni bon ni mauvais, il est le fruit des structures sociales. Si celles-ci récompensent la gentillesse, il sera gentil. Si elles récompensent l'avarice et la compétition, il sera méchant. Heureusement, lors de catastrophes naturelles, les gens ne se battent pas dans les supermarchés comme dans les films. Ils s'entraident, ainsi que l'ont démontré de nombreux anthropologues et sociologues. Les crises font ressortir le meilleur de nous-mêmes… même si croire l'inverse peut s'avérer une prophétie autoréalisatrice. ◆

PENDANT CE TEMPS, DANS LE MONDE…

- **En Chine, le professeur Maling Gou est parvenu à imprimer en 3D des oreilles directement sur des souris, sans effets secondaires.**
- **Deux chercheurs de l'université de Temple à Philadelphie (États-Unis) ont fait repousser des neurones sectionnés en provoquant la surproduction d'une protéine par modification du génome.**

«HERE, NOWHERE, ELSEWHERE», d'Alastair Magnaldo.

RALENTIR

pages 118 - 137

LA QUÊTE DE L'HIBERNATION HUMAINE

Benjamin Leclercq

•

DEPUIS QUELQUES ANNÉES, DES CHERCHEURS SE PASSIONNENT POUR LES SUPER-POUVOIRS DES ANIMAUX HIBERNANTS. AVEC, DERRIÈRE LA TÊTE, UN PROJET UN PEU FOU : RECRÉER UNE TORPEUR SYNTHÉTIQUE CHEZ L'HOMME.

•

Près de huit semaines entre quatre murs, comme des lions en cage, épuisant une à une les sources de distraction et guettant, moral fébrile et œil las, l'extérieur interdit… Pour beaucoup, le confinement printanier fut une gageure, physique et psychologique. Et si, au lieu du lion, la solution eut été d'imiter une autre bestiole poilue qui, lorsque l'horizon s'obscurcit, préfère se rouler en boule, fermer les yeux et attendre avec flegme les jours meilleurs ? Et si nous apprenions à hiberner comme des ours ?

L'idée fleure bon la science-fiction, et pourtant… Depuis une dizaine d'années, des chercheurs planchent sur cette aptitude fascinante qui permet aux hibernants, via une profonde dépression de leur taux métabolique, de baisser leur température corporelle et réduire leur consommation d'énergie de 80 % à 98 %. Leur objectif : comprendre les mécanismes physiologiques à l'œuvre pour en exploiter les propriétés sur l'humain. Et, pourquoi pas, prouesse biomimétique ultime, inventer une forme d'hibernation humaine.

Sophie Lloyd

DES PRIMATES HIBERNENT

De fait, les sources d'inspiration ne manquent pas. La première d'entre elles ? L'ours brun. « *Il est le modèle phare parce qu'il nous ressemble en masse et en physiologie, et qu'il entre en hibernation en ne baissant sa température que de quelques degrés,* de 37 °C à 32-34 °C. *Cette température semble plus crédible pour le corps humain que les 10 °C pratiqués par la marmotte…* », explique Fabrice Bertile, biologiste CNRS au Laboratoire de spectrométrie de masse bio-organique (LSMBO) de Strasbourg. Mais le plantigrade n'est pas seul. « *À ce jour, on dénombre une centaine d'espèces hibernantes*, témoigne Sylvain Giroud, chercheur en écophysiologie à l'Université de médecine vétérinaire de Vienne (Autriche), qui buche lui aussi depuis des années sur l'hibernation. *Et l'on continue d'en découvrir de nouvelles chaque année, partout sur la planète, en pays froids comme en zones tropicales.* » Hamsters syriens, blaireaux, lémuriens nains de Madagascar… les études se multiplient. Parmi les champions, le loir gris, capable d'hiberner jusqu'à… 11,4 mois consécutifs, ou encore le spermophile arctique, une sorte d'écureuil dont la température corporelle chute sous 0 °C, sans que son sang ne gèle. La dernière découverte en date, publiée en décembre 2019 dans la revue *Nature*, décrit comment les grizzlis parviennent, grâce à des variations saisonnières dans l'expression de leurs gènes, à passer les longs mois d'hiver totalement inactifs… sans perdre un gramme de muscle.

« HIBERNER, L'HUMAIN A UN JOUR SU LE FAIRE, MAIS IL EN A PERDU L'APTITUDE AU COURS DE L'ÉVOLUTION. »

DANS UN OURS EMPAILLÉ. En 2014, treize jours durant, l'artiste Abraham Poincheval s'est enfermé dans cette drôle de maison au Musée de la chasse et de la nature, à Paris.

S'agissant de l'homme, les sources d'espoir ne manquent pas non plus. La première est d'ordre génétique, justement. « *La recherche a montré qu'il n'existe pas un gène spécifique de l'hibernation, dont l'humain serait privé et qui constituerait une barrière*, note Sylvain Giroud. *L'hypothèse est au contraire que l'humain dispose du matériel génétique pour hiberner, a un jour su le faire, mais qu'il en a perdu l'aptitude au cours de l'évolution.* » D'ailleurs, certains de nos proches cousins, les primates, hibernent. Alors pourquoi pas nous ?

La deuxième source d'espoir est d'ordre purement factuel. « *L'exemple le plus extrême est celui d'Anna Bågenholm, skieuse suédoise piégée 80 minutes sous la glace, dont la température corporelle est tombée à 13,7 °C, et qui a récupéré sans la moindre séquelle*, explique Matthew D. Regan, chercheur au département de biosciences comparatives de l'Université du Wisconsin-Madison, pionnier en matière d'hibernation. *Ce n'est pas un cas isolé, ce qui suggère que, dans des conditions particulières, les humains ont la capacité d'entrer de manière réversible dans des états de profonde torpeur.* »

La troisième raison d'espérer est empirique : faire artificiellement « hiberner » un mammifère non hibernant, d'habiles laborantins y sont déjà parvenus. Une équipe de l'Institut de biologie arctique de l'Université d'Alaska a réussi à provoquer des « torpeurs synthétiques » réversibles chez des rats et des porcs, en stimulant, via un agent pharmacologique, un récepteur (adénosine A1) dans leur cerveau. « *De quoi rendre plausible de telles inductions métaboliques chez l'homme* », estime Matthew D. Regan. « *Le grand défi reste de trouver le ou les interrupteurs qui couperont le chauffage central chez l'homme !* » précise Sylvain Giroud.

Plausible, donc… mais pour quoi faire ? La réponse varie selon les équipes scientifiques. Il y a d'abord l'utilisation la plus aventureuse : hiberner pour faciliter les voyages spatiaux. Les agences spatiales sont en effet les premières à avoir investi massivement dans la recherche sur l'hibernation. « *La NASA en 2014 et l'ESA* [l'agence spatiale européenne] *dans la foulée ont toutes deux créé des groupes de travail dans l'optique des vols spatiaux de longue durée »*, rappelle Matthew D. Regan. Pour parcourir les 78 millions de kilomètres qui nous séparent de Mars, neuf mois de voyage seront nécessaires. Les agences aimeraient plonger leurs équipages dans la torpeur durant ce long périple. L'ESA a déjà les ébauches d'un vaisseau doté de capsules d'hibernation… *« L'intérêt est triple,* note Matthew D. Regan : *logistique, car des astronautes en hibernation consommeront moins d'eau et de nourriture, ce qui allège les navettes; biologique, les expériences suggérant que la torpeur synthétique atténuerait les dommages liés à la microgravité et au rayonnement spatial, limitant l'atrophie osseuse et musculaire; et psychologique, enfin, puisque cela permettrait aux astronautes de s'abstraire d'un espace psychiquement éprouvant car confiné, exigu et partagé. »*

UNE RÉVOLUTION MÉDICALE

Dans le sillage des agences spatiales, une foule de chercheurs se sont intéressés à l'hibernation dans un but plus classique : prolonger la vie humaine, cette fois sur terre. Le secteur de la santé, en particulier, a les yeux rivés sur les hibernants. Parmi les applications les plus prometteuses figure la « TTM », comme *targeted temperature management*, ou hypothermie thérapeutique, déjà pratiquée par d'autres moyens par les médecins pour protéger les patients lors d'arrêts cardiaques et d'AVC. *« La TTM consiste à baisser le thermostat du corps – entre 32 et 36 °C – pour lui faire économiser de l'énergie et préserver les tissus du cœur et du cerveau,* décrypte la chercheuse Kelly Drew, à l'Institut de biologie arctique de l'Université d'Alaska. *Notre but est de cibler le mécanisme qui permet aux hibernants de se refroidir pour l'appliquer aux humains et ainsi améliorer les effets thérapeutiques de la TTM actuelle. »*

Le nom de l'autre grand secret poursuivi par les chercheurs ressemble à celui d'une potion magique : le sérum de l'ours. Cette partie liquide du sang de l'animal détient en effet des promesses médicales hors-normes. La principale ? Conserver ses muscles sans lever le petit doigt. *« Le manque d'activité physique est la quatrième cause de mortalité dans le monde,* rappelle Fabrice Bertile (CNRS). *Le muscle humain est très vulnérable : un malheureux bras dans le plâtre réclame trois semaines de kiné pour refonctionner normalement. Et que dire des personnes âgées ou durablement alitées ? »* La recherche a déjà fait de grands pas : *« Nous avons détecté que dans le sang de l'ours circulent en hiver des molécules non identifiées, capables d'agir sur des cellules humaines in vitro. Des molécules qui traversent donc la barrière des espèces, et dont l'action est très prometteuse : après 48 heures, les cellules humaines exposées à ces molécules d'ours grossissent et leur contenu en protéine augmente. »* Le travail demeure toutefois immense : *« Nous devons identifier et isoler ces molécules pour en faire un produit injectable à l'homme ».*

Le sérum de l'ours pourrait par ailleurs faciliter la transplantation d'organes. *« En augmentant la durée de vie des organes hors du corps de plusieurs jours, leur circulation pourrait s'étendre à l'échelle de la planète. Soit une véritable révolution médicale »*, explique Fabrice Bertile. Des traitements contre l'obésité pourraient aussi dériver de la recherche sur l'ours, qui parvient à ne consommer que de la graisse durant son inactivité d'un semestre.

Enfin, comme souvent en matière de science, la course au progrès technique cache une quête plus philosophique… Au-delà des exploits spatiaux et médicaux, explorer l'hibernation, dans l'imaginaire des chercheurs, revient à se mettre en quête d'un véritable Graal métaphysique : la maitrise du temps. *« Hiberner, c'est ralentir le passage du temps »*, dit ainsi Matthew D. Regan, citant l'exemple des tardigrades, animaux microscopiques aux pouvoirs sidérants : *« Ils sont capables de déprimer leur métabolisme au point de faire disparaître leurs besoins primaires, tels que l'alimentation et la respiration, et d'arrêter les processus biologiques du vieillissement. »* D'une espérance de vie de deux à trois mois, certains spécimens ont su suspendre leurs fonctions vitales pour les reprendre tranquillement… trente années plus tard ! *« L'idée qu'il soit métaboliquement possible de dilater voire d'arrêter le temps est philosophiquement fascinante. »* ◆

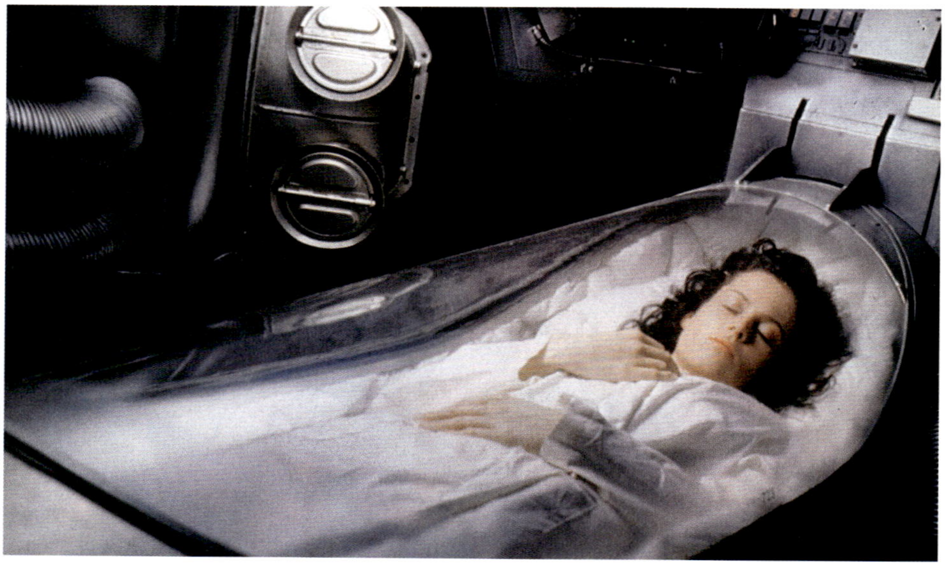

PLONGER les voyageurs spatiaux dans la torpeur pour les périples au long cours – comme Sigourney Weaver dans *Alien* – présenterait de nombreux avantages.

AA Film Archive/Alamy

CHRONIQUE

DU PROGRÈS HUMAIN

Ce rêve que j'ai fait

Patrice Franceschi
écrivain et aventurier

L'autre nuit, j'ai fait un rêve étrange et pénétrant. Un rêve contagieux... J'aurais pu l'oublier, mais dans la mesure où il peut œuvrer à la fraternité entre les peuples, je me suis décidé à le donner en exemple. La soirée précédant ce rêve avait pourtant mal commencé. Attablé en compagnie d'amis de qualité, j'avais dû reconnaitre que les hommes, renonçant de plus en plus à l'usage de la raison, transformaient le monde en un gigantesque asile d'aliénés soumis aux seuls impératifs de l'émotion. Je m'étais donc endormi sur un constat peu réjouissant : le combat contre les nouveaux totalitarismes que cette maison de fous planétaire ne manquerait pas de faire surgir, serait sans merci – et représenterait l'ultime et terrible condition du progrès humain.

J'ai alors fait ce rêve positif et contagieux. Il avait pour origine l'une des luttes existentielles de notre époque, puisque je vis d'abord défiler devant mes yeux endormis des images entraperçues la veille à la télévision : un peu partout en Occident, des hommes dits blancs mettaient un genou à terre devant des hommes dits noirs, pour se repentir de la domination esclavagiste et colonialiste de leurs aïeux.

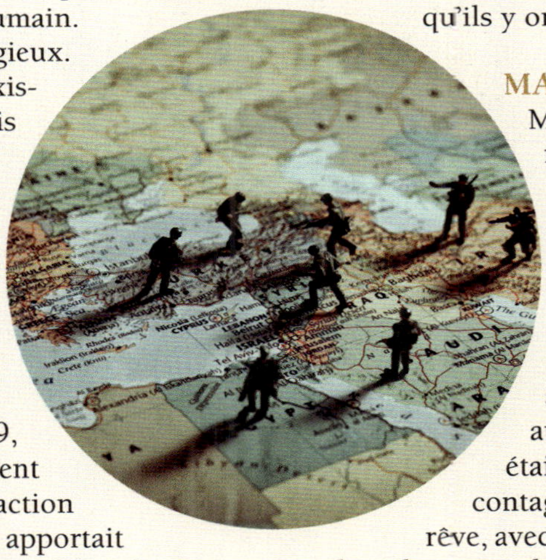

Shutterstock

Ces images prodigieuses devaient porter une charge virale égale à un Covid-19, car, dans mon songe, elles se déployèrent aussitôt à travers le monde dans une réaction en chaine que rien n'arrêtait puisqu'elle apportait enfin une justice universelle à tous les peuples. Des larmes me vinrent aux yeux quand je vis des Hollandais s'agenouiller devant des Indonésiens en raison de la vieille colonisation batave, puis ces mêmes Indonésiens courir s'incliner devant des Papous Dani des hautes vallées de Nouvelle-Guinée afin d'obtenir leur absolution pour l'occupation actuelle de leurs terres, puis ces Dani, contrits à leur tour, descendre dans les basses terres de leur ile s'excuser auprès des faibles tribus Fayu des innombrables pillages qu'ils leur ont fait subir des siècles durant.

Au même moment, des Anglais hantés par le souvenir de l'orgueilleux Empire britannique courbaient le dos devant des bouddhistes birmans ahuris, mais qui, encouragés par cette gratitude, les imitaient auprès des musulmans rohingya ayant survécu à leurs récents massacres. Plus à l'ouest, j'admirais la foule des Turcs se prosternant au pied des Arméniens pour s'absoudre du génocide de 1915, puis continuer de même devant des Arabes en raison de l'implacable joug ottoman exercé sur eux par leurs ancêtres. Et quel bonheur de voir ensuite ces mêmes Arabes demander pardon aux Kabyles et Berbères du Maghreb colonisés par eux après la mort de Mahomet, et faire également acte de contrition envers les Africains asservis au cours de leurs traites négrières. Contaminés par la trainée de poudre de ces comportements généreux, je vis des Japonais s'incliner dévotement devant des Chinois, les suppliant de les disculper de la terrible invasion de leur pays perpétrée par leurs grands-parents, et ces Chinois, adoucis par cette contrition, se repentir alors, un genoux en terre eux aussi, devant des Tibétains ébahis, avant de libérer de leurs camps de rééducation les centaines de milliers de Ouïgours musulmans qu'ils y ont enfermés ces dernières années.

MANÈGE ENCHANTÉ

Ma compagne suédoise en a profité pour m'exprimer son remords concernant les invasions vikings de la France ; des amis italiens l'ont aussitôt imitée en raison des violences commises chez moi par les légions romaines il y a vingt siècles, et des Allemands de ma connaissance firent de même pour ne pas être en reste à propos des morts causées à ma famille au cours des deux guerres mondiales. Qu'il était doux d'entendre cela... D'autant que la contagion se poursuivait en cascade dans mon rêve, avec des chiites et des sunnites prosternés main dans la main, des Hutu demandant leur absolution à des Tutsi pour le génocide de 1994, et des habitants des régions côtières de l'Afrique faisant pénitence devant ceux de l'intérieur du continent pour la complicité de leurs ancêtres dans la traite européenne.

Cette sorte de manège enchanté a duré toute la nuit et a concerné l'ensemble des pays du monde. Qu'il était bon de constater que la culpabilité était devenue héréditaire et que les crimes devaient être assumés collectivement et non individuellement. Au moins n'y avait-il pas de peuples innocents, tout le monde se trouvait sur un pied d'égalité – et c'était l'essentiel. Devant cette évidence, la brutalité du monde allait disparaitre. Je me suis réveillé plein de certitudes rassurantes. Je suis un grand optimiste.

Et vous ? Rassérénés ou inquiets de tout cela pour les progrès à venir de l'humanité ? ◆

CHINE
PÉRIL SUR LE FLEUVE JAUNE

Photos : Ian Teh/Panos/REA

•

ÉTOUFFÉ PAR L'INDUSTRIE LOURDE, LA CROISSANCE DÉMOGRAPHIQUE ET LA DÉSERTIFICATION, LE DEUXIÈME FLEUVE CHINOIS APRÈS LE YANGZI JIANG RISQUE L'ASPHYXIE. DANS UN TRAVAIL AU LONG COURS, LE PHOTOGRAPHE IAN TEH A DOCUMENTÉ CE DÉCLIN – AINSI QUE LES EFFORTS CHINOIS POUR L'ENRAYER.

•

SUR LE COURS MOYEN du fleuve Jaune, à Hejin (province du Shanxi). En 1997, le fleuve symbolisait tout ce qui n'allait pas avec l'environnement en Chine : 40 % de ses eaux étaient gravement polluées, et la ressource était tellement surexploitée que le fleuve fut à sec pendant les deux tiers de l'année. Depuis, des progrès ont été faits. Mais la demande d'eau dans le nord de la Chine continue de croitre plus rapidement qu'eux.

Peu de cours d'eau peuvent se vanter d'avoir une administration à leur service. C'est le cas du fleuve Jaune, qui depuis 1946 dispose d'une « Commission de protection » où 40 000 fonctionnaires scrutent ses moindres caprices. Il faut dire qu'il est aux Chinois ce que le Nil est aux Égyptiens : le centre historique du développement politique, économique et social. C'est à ce monstre que Ian Teh, photographe anglo-malaisien, s'est intéressé depuis 2011, sillonnant ses 5 460 kilomètres des hauts plateaux tibétains, où il prend sa source à l'ouest, jusqu'à la mer de Bohai, où il se jette à l'est. Il en a ramené des panoramiques majestueux qui sont autant de cris d'alarme.

Par le passé, c'était surtout ses crues qui étaient redoutées : le fleuve Jaune charrie en effet de telles quantités de boue, de sable et de limon (à qui il •••

CETTE ACIÉRIE en cours de rénovation à Hancheng (Shaanxi) est l'une des nombreuses usines sur les rives du fleuve Jaune. Les déchets non traités qui s'y déversent ont conduit à la pollution de 70 % des rivières et des lacs du pays.

DÉCHETS INDUSTRIELS en périphérie de la ville de Baiyin (Gansu).

UN MUR CACHE aux yeux du public des déversements illégaux de déchets industriels, dans un champ proche de Lanzhou (Gansu).

UN RUISSEAU situé non loin des usines de la périphérie de Linfen (Shanxi). La ville était autrefois connue pour son agriculture, mais la prolifération des centrales à charbon et des mines en a fait l'une des plus polluées au monde.

USINE DE BRIQUES en face de terres agricoles, près de Linfen (Shanxi).

CHANTIER abandonné d'un hôtel de luxe, dans le Qinghai. Le plateau tibétain, « château d'eau » de la Chine, est aujourd'hui protégé par la plus grande réserve naturelle du pays.

AUTOROUTE nouvellement construite au-dessus du fleuve Jaune, près de Xian (Shaanxi). En 2010, la Chine est devenue le premier marché automobile mondial, devant les États-Unis. En 2011, c'est son système autoroutier qui a dépassé en étendue le réseau américain.

••• doit son nom) que son lit change sans cesse, causant des inondations catastrophiques. Le bilan de celles de 1887, 1931 et 1938 s'est chiffré chaque fois en centaines de milliers de morts.

Cette année, c'est le Yangzi Jiang qui a fait parler de lui en juin par ses inondations meurtrières. Du côté du fleuve Jaune, c'est plutôt l'asphyxie que l'on craint. En septembre 2019, Xi Jinping en personne s'est rendu à

Zhengou, capitale du Henan où siège la Commission de protection du fleuve. Le message du président chinois, grandiloquent à souhait, n'en a pas moins été clair : la protection écologique du bassin est désormais stratégique pour le *« grand renouveau et le développement durable de la nation chinoise »*.

Outre les crues, sècheresses et pénuries d'eau sont le cauchemar de la Commission de protection du fleuve. En 1997, durant les deux tiers de l'année, l'imposante rivière s'est littéralement asséchée, au point de ne plus se déverser dans la mer ! 700 kilomètres de désolation, entrainant des pertes agricoles, l'arrêt de plusieurs usines et un profond traumatisme dans tout le bassin.

Un cinquième de la population mondiale vit en Chine, mais seulement 6 % des ressources renouvelables en eau douce de la planète se trouvent à •••

SOIRÉE au bord du fleuve pour quelques habitants de la région de Hejin (Shanxi). Beaucoup estiment qu'il y a eu une amélioration de la qualité de l'air et de l'eau de la rivière ces dernières années.

CHEVAUX de nomades tibétains. Leurs maitres ont été relogés dans ce lotissement nouvellement construit à Guide (Qinghai).

CHANTIER de construction abandonné dans une zone humide de Dongying (Shandong), près de l'embouchure du fleuve.

COMME les milliers de glaciers des hauts plateaux tibétains, le Mont Anemaqen (dans le Qinghai) fond à une vitesse alarmante.

LES EAUX du lac Ngoring, le plus grand de la province du Qinghai, ont beaucoup monté ces dernières années. La faute à la fonte du pergélisol, qui à long terme pourrait accélérer la désertification et libérer du méthane.

PÊCHE ARTISANALE au milieu d'une zone humide de Binzhou (Shandong), dans la plaine alluviale formée par le fleuve Jaune à son embouchure.

LA PETITE VILLE DE GUIDE, dans le Qinghai, semble une oasis de verdure au milieu de l'aride plateau tibétain. Sa végétation luxuriante est due aux multiples réservoirs situés plus en amont du fleuve Jaune. La Chine a réussi à freiner la désertification, mais celle-ci reste importante : à la fin des années 1990, les déserts du pays gagnaient 10 400 km² par an. C'est désormais quatre fois moins.

••• l'intérieur de ses frontières. Et parmi celles-ci, seulement 14 % dans les plaines du nord, où sont pourtant situées près de la moitié de la population et de l'industrie lourde du pays, ainsi que 60 % des terres cultivées. Pour résoudre cette équation, le pouvoir central a lancé depuis 2002 un pharaonique « projet d'adduction d'eau du Sud au Nord », qui prévoit notamment le transfert des surplus du Yangzi Jiang vers le fleuve

Jaune, via un ensemble de canaux et canalisations souterraines.

Malgré ce projet, la situation pourrait s'aggraver. Dans le bassin du fleuve Jaune, où la pollution industrielle fait des ravages, les ressources en eau sont sous pression de la croissance démographique. Et la désertification est un problème majeur dans de nombreuses parties du bassin, le phénomène étant aggravé par le réchauffement climatique. Comme le pôle Nord, le plateau tibétain s'est réchauffé beaucoup plus rapidement que le reste du monde au cours des cinquante dernières années. Beaucoup de ses 46 000 glaciers ont diminué de surface, augmentant dans un premier temps le niveau du fleuve, mais l'asséchant à terme – avec comme conséquences de nouvelles pénuries d'eau. Les 40 000 fonctionnaires de la Commission de protection du fleuve Jaune vont avoir fort à faire. ◆

ITINÉRAIRE D'UNE EASYJETEUSE REPENTIE

Sidonie Sigrist

•

ARRÊTER DE PRENDRE L'AVION NE VEUT PAS DIRE ARRÊTER DE VOYAGER. LOIN DU TARMAC, J'AI DÉCOUVERT LES PLAISIRS DES PRÉPARATIFS ET DU DÉPLACEMENT. VOICI MES BONS PLANS POUR DES VACANCES SLOW ET LOW CARBONE.

•

Pendant des années, j'ai pu m'offrir de beaux voyages. Grâce aux compagnies *low cost*, je traquais les billets pas chers, même s'ils m'imposaient souvent des escales qui faisaient exploser mon empreinte écologique. Et je gardais dans un coin de tête d'autres destinations pour « quand je serai grande » – comprendre quand je n'aurais plus besoin de réunir mes pièces jaunes pour me nourrir sur place. Seulement voilà... Rapport du GIEC après rapport du GIEC, 2018 est arrivée, et avec elle une certaine *flygskam,* comme on dit au pays de Greta Thunberg – c'est-à-dire une « avihonte » provoquée par l'impact désastreux du transport aérien sur le réchauffement planétaire.

J'ai aussi eu la bonne idée de tomber amoureuse d'un homme spécialisé dans le changement climatique. Parce que c'est un peu mon « Agence de l'environnement et de la maîtrise de l'énergie » personnelle, baptisons-le Ademe pour l'occasion. Ensemble, nous avons peu à peu changé nos habitudes d'Occidentaux consuméristes. Nous avons commencé par réduire notre consommation de viande, déserté les supermarchés pour des circuits courts, changé notre fournisseur d'énergie, résisté aux injonctions de la fast fashion et réduit considérablement nos retours nocturnes et enivrés en VTC. En plus de soigner notre bonne conscience, cela nous a permis de faire des économies. Je précise : nous sommes très loin d'être parfaits. Comme des personnes au régime, il nous arrive de faire des écarts. Disons qu'on essaie de faire au mieux.

> **J'AI EU LA BONNE IDÉE DE TOMBER AMOUREUSE D'UN HOMME SPÉCIALISÉ DANS LE CHANGEMENT CLIMATIQUE.**

En 2018, nous n'avons plus eu le choix : il a fallu faire le deuil de l'avion. En disant adieu au frisson du décollage et aux plateaux-repas tièdasses, nous avons découvert les plaisirs de la préparation et de l'itinéraire. Après avoir fantasmé sur les trésors du Pacifique, nous nous sommes surpris à rêver de la carte ferroviaire de l'Europe et à bénir les trains de nuit. Nous avons troqué le stress des check-in et des contrôles de sécurité pour des réveils embrumés et émerveillés au cœur d'une ville, en sortant de sa gare.

MODE DE VIE SOBRE

Certes, il a aussi fallu apprendre à anticiper, et parfois à revoir nos envies à la baisse. Car on ne va pas se mentir : rares sont les trajets en train qui rivalisent avec les prix ultra-concurrentiels de l'aviation – en tout cas dans le monde d'avant l'épidémie de Covid-19. Dans nos vies minutées, nous avons donc pris le temps, doublement : celui de préparer et celui de voyager. Réduire son empreinte carbone ne se résume pas à faire le deuil de l'avion. Il s'agit aussi de maintenir en voyage un mode de vie sobre : préférer les maisons d'hôtes aux complexes hôteliers gourmands en énergie, les déplacements à pieds, à vélo ou en transport en commun à la location d'une voiture, l'alimentation locale et peu carnée aux grandes chaînes alimentaires…

Avec son approche d'ingénieur, Ademe s'est mué en comparateur pour optimiser nos itinéraires. Pour cet article, nous nous sommes fondés sur une seule et même source : la base carbone de l'Ademe (la vraie !). Mais il existe des calculateurs bien plus simples, comme celui d'Easyvoyage pour les vols ; pour les ferrys, ça reste un vrai casse-tête. Enfin, ce sont des estimations à pondérer en fonction du type d'avion, de train ou de ferry. Pour vous donner une idée – et des envies –, voici trois itinéraires au départ de Paris, avec leur bilan carbone comparé à celui d'un aller-retour en avion. ◆

Avion	Train + Ferry
À partir de **163€**	À partir de **165€**
680 kg de CO_2 par passager*	**300 kg** de CO_2 par passager

DEUX SEMAINES ET PLUS : MAJORQUE AVEC ESCALES

Pour nos « grandes » vacances d'été, nous avons voyagé près de trois semaines, dont une à Majorque, en faisant des escales et surtout une boucle pour ne pas revenir sur nos pas. C'est l'avantage des itinéraires tricotés sur mesure. Nous sommes partis hors-saison (début septembre) si bien qu'en anticipant, nos billets de train et de ferry étaient abordables. Après une escale de quelques jours à Toulouse, nous avons pris le train pour Barcelone, où nous nous sommes livrés à une journée tapas et terrasses avant d'embarquer dans le ferry, cap sur Alcudia.
Les voyages en ferry sont loin d'être la solution la plus verte pour se déplacer. Si les compagnies font des efforts en renouvelant leur flotte, cela reste un moyen de transport énergivore. Intéressant sur les courtes distances, le ferry a un faible avantage sur les longues distances par rapport à l'avion : la preuve, notre retour de Majorque jusqu'à Toulon était aussi émetteur qu'un retour en avion ! L'idéal : choisir les bateaux plus récents et les trajets de nuit, où les bateaux naviguent plus lentement et consomment donc moins d'énergie. Plusieurs types de navires rallient Barcelone à Majorque : les express (sans cabines) et les « normaux » (plus lents mais dotés de cabines). À Alcudia, nous avons récupéré une voiture de location. Certes pas glorieux en termes de CO_2, mais après avoir envisagé les déplacements en bus et en vélo électrique (option rapidement écartée, vu la topographie escarpée de l'île !), nous avons opté pour la mobilité. Après une semaine de randonnées dans la sublime Serra de Tramuntana et des baignades dans les calanques du nord de l'île, nous avons pris un retour via Toulon pour rejoindre d'abord la presqu'île de Giens, parenthèse varoise peuplée de pins, puis Marseille (par le TER). Et enfin le TGV pour un retour à la case départ, Paris.

Alex Asfour/Ideastorm Studios

*Avion de 100-180 sièges, trajet de 1000-2000 km.

À partir de
58€
530 kg
de CO_2
par passager*

À partir de
58€
60 kg
de CO_2
par passager**

WEEK-END EN EUROPE : VENISE EN TRAIN DE NUIT

Pour notre week-end à Venise, c'est le train de 19 h 15 au départ de la Gare de Lyon qui nous intéresse : le seul à relier directement la capitale à la cité des Doges. Pour info, ce même train dessert aussi Vérone, Padoue et Milan. Éviter les correspondances nocturnes ou matinales n'est pas forcément un luxe : les billets directs, pris relativement en avance, sont moins chers que les indirects. Le prix varie en fonction du confort choisi : plus il y a de couchettes dans le compartiment, moins le prix sera élevé. Il y a donc la possibilité de choisir entre 2, 4 ou 6 couchettes et d'opter pour un compartiment mixte, masculin ou féminin (un plus pour les voyageuses seules).
Drap house, oreiller, couverture et même une petite bouteille d'eau sont fournis. Le seul inconfort du voyage peut être le réveil à l'aube, par la douane, une fois la frontière italienne franchie. Mais ce n'est pas systématique. Vive l'Europe !
Pour le reste, ce train est doté d'un wagon-restaurant, avec places assises et prix très abordables. Et surtout : il y a une vraie machine à café, pour se mettre à l'heure italienne.
Le vrai luxe est cette arrivée « par la mer », comprendre via le Ponte della Libertà, qui relie le continent à la ville par la lagune. La Sérénissime se révèle alors par la vitre du compartiment, et sitôt le train à quai à la gare Santa Lucia, nous voilà au cœur de la ville, à quelques minutes du Rialto et de la place Saint-Marc, prêts à arpenter ruelles et canaux. Le train du retour, celui du dimanche à 19 h 20 (seul direct) permet de profiter pleinement de la journée. En revanche, l'arrivée à Paris à 10 h 57 peut être tardive pour celles et ceux qui enchaînent sur leur journée de travail. Un panettone excusera votre retard – sinon, plus sage, privilégiez le train indirect pour une arrivée à 9 h 37.

Alex Asfour/Ideastorm Studios

* Avion de 100-180 sièges, trajet de 0-1000 km
** en compartiments à 6 couchettes ; pour une cabine à 2 lits, compter 85 €.

Julien Veril/www.Marcel-Travelposters.com

Avion	Train + ferry
À partir de **100€**	À partir de **106€**
600 kg de CO_2 par passager*	**350 kg** de CO_2 par passager

UNE SEMAINE DE VOILE AU DÉPART DE BONIFACIO

Rejoindre la Corse depuis Paris sans prendre l'avion est une aventure plus laborieuse, sans être ruineuse. Les billets de TGV pour Marseille peuvent être abordables et le ferry pour Porto Vecchio (sans cabine) dispose de tarifs accessibles. L'arrivée en Corse, à l'aube et en bateau, est un privilège qui révèle, si le temps est dégagé, les courbes de l'île de Beauté. Une fois à Porto-Vecchio, il s'agit de rejoindre Bonifacio où la base des Glénans, l'association de voile, a amarré ses bateaux. Des bus (peu nombreux) rallient les deux ports en une demi-heure. La philosophie des Glénans n'est pas seulement d'apprendre à rallier à la voile un point A à un point B. C'est aussi de prendre le temps de naviguer, d'observer le plan d'eau, d'ajuster son itinéraire à la dernière minute faute de vent ou à l'inverse, coincé au port par une claque de mistral. C'est comme ça, la voile enseigne la patience et l'humilité. Et le voilier reste un moyen sobre de se déplacer dans ces endroits protégés, comme les superbes îles Lavezzi.

Les Glénans disposent d'autres bases en France à portée de train, en Bretagne (archipel des Glénan, Paimpol, Concarneau, île d'Arz) et dans l'Hérault (Marseillan). L'asso propose une gamme de stages très différents, à des prix avantageux. Les offres de dernière minute, souvent bradées, raviront les indépendant·es ou celles et ceux qui n'aiment pas s'organiser en amont, sans voir les tarifs exploser.

* Avion de 100-180 sièges, trajet de 0-1000 km

LYON-BORDEAUX
UNE COOPÉRATIVE SUR LES RAILS

Emmanuelle Vibert

•

PENDANT UN SIÈCLE ET DEMI, LES DEUX VILLES ONT ÉTÉ RELIÉES PAR LE TRAIN. FERMÉE EN 2012, CETTE LIGNE TRANSVERSALE POURRAIT REVIVRE À L'HORIZON 2022 GRÂCE À L'OBSTINATION D'UNE PETITE BANDE, QUI A MONTÉ RAILCOOP DANS UN VILLAGE DU LOT.

•

LE TRAIN Lyon-Bordeaux en mai 1991 à la hauteur des Sauvages, dans le Rhône.

Chaque ligne de chemin de fer est une aventure technique, politique, humaine… L'histoire de celle qui relie Bordeaux à Lyon, achevée à la fin des années 1860, n'échappe pas à la règle. Elle a connu la solide locomotive à vapeur 141 TA, surnommée « cul de bateau », en raison de son derrière faisant penser à la poupe d'une péniche. Elle a connu la première guerre mondiale, les vivres américains débarqués dans les ports de l'Atlantique traversant la France sur rails pour alimenter le front. Puis, dans la première moitié du XXe siècle, la Bordeaux-Lyon a transporté les voyageurs amateurs de cures thermales, en chemin pour Vichy, La Bourboule, Le Mont-Dore… L'arrivée en 1954 des trains RGP (rame à grand parcours), fonctionnant au diesel et réversibles, a marqué un progrès. Il ne fallait plus que trois minutes au conducteur pour changer de cabine et pouvoir repartir en sens inverse.

Le dernier demi-tour s'est fait en 2012. Il faut dire que, lentement, cette ligne était passée de mode. Elle était devenue l'une de ces transversales concurrencées par l'autoroute, délaissées par la SNCF au profit des TGV plus rentables, tous convergents vers Paris. C'en était fini de la liaison ferroviaire complète, à travers le Massif central, entre les deux métropoles.

Mais depuis 2019, l'histoire du Bordeaux-Lyon commence à se réécrire au futur. Car en décembre prochain, le marché ferroviaire des voyageurs sera ouvert à la concurrence : fini le monopole de la SNCF, qui remontait à 1937 ! Prévue depuis vingt ans dans le cadre de l'Union européenne, cette privatisation a donné des idées à une bande d'une dizaine de personnes réunie en février 2019 dans la salle des fêtes de Blars, dans le Lot. Parmi eux, Nicolas Debaisieux, ingénieur spécialiste de la transition énergétique, sa sœur Alexandra, passée par le conseil en financements européens, Dominique Guerrée, qui a fondé plusieurs sociétés coopératives, ou encore Romain Bailly, ancien conducteur de train. Leur envie ? Pallier les missions de service public abandonnées par l'État, qui, plus que jamais, représentent l'avenir : les petites lignes locales, les trains de nuit, le fret…

« Tous les secteurs sont engagés dans la transition écologique, sauf celui du transport, estime Nicolas Debaisieux. *C'est d'autant plus aberrant qu'on a un formidable outil, le train, qui est largement sous-exploité. L'État ne fait pas son job dans ce domaine. On a décidé d'y aller. On ne peut plus se permettre d'attendre. »* En avril 2019, pour préparer le terrain, la petite bande de Blars commence par créer une association. Leur entreprise réunira des citoyens, sous forme de coopérative. Elle s'appellera Railcoop. Le but ? Rétablir la ligne Lyon-Bordeaux, avec des arrêts en gares de Roanne, Saint-Germain-des-Fossés, Gannat, Montluçon, Guéret, Saint-Sulpice-Laurière, Limoges, Périgueux et Libourne. Avec un temps de parcours prévu de 6 h 47 d'un bout à l'autre de la ligne, le service sera forcément un peu plus lent qu'un voyage par deux TGV avec changement à Saint-Pierre-des-Corps (5 h 30).

« ON A UN FORMIDABLE OUTIL, LE TRAIN, QUI EST LARGEMENT SOUS-EXPLOITÉ. L'ÉTAT NE FAIT PAS SON JOB. »

OBJECTIF : 3 000 SOCIÉTAIRES

Le projet a-t-il un avenir économique ? Une étude de marché montre que oui. *« Il y a un flux de trafic non négligeable, en forte croissance,* souligne Nicolas Debaisieux. *La ligne d'avion Lyon-Bordeaux est la première en France, avec 590 000 voyageurs par an, un nombre qui augmente de 5 à 6 % chaque année. C'est aussi un axe autoroutier, via l'A89, sur lequel le trafic augmente. On pense récupérer 80 % de nos voyageurs chez les conducteurs de voitures. Notre train reliera les deux villes en un peu moins de 7 heures, quand il en faut 6 h 30, en comptant les pauses, par la route. Mais le train offre beaucoup d'avantages : le confort, la sécurité… Et le prix d'un aller simple sera du même ordre que celui du covoiturage. »* Compter autour de 38 euros.

En novembre 2019, la première coopérative dédiée au ferroviaire voit le jour – avec Nicolas pour directeur – et commence à recruter des sociétaires. Ils étaient 900 fin juin 2020, réunissant un capital de 270 000 euros. Les fondateurs de Railcoop visent 1,5 million d'euros pour la fin 2020, avec 3 000 sociétaires. Ces derniers vont être recrutés parmi des particuliers, des entreprises, des collectivités locales. Chacun aura une voix, quel que soit son apport.

Mais il reste des obstacles à franchir. Par exemple celui-ci : les loueurs de train exigent un garant. Railcoop va essayer de se tourner vers l'État pour qu'il remplisse ce rôle. Et si tout va bien, dans le courant de l'année 2022, les premiers trains Railcoop rouleront, de jour comme de nuit. Avec un coin pour les vélos (y compris cargos), du wifi, des repas en partenariat avec des restaurateurs locaux, une aire de jeu pour les enfants… Une aventure ferroviaire qui, en cas de succès, pourrait en inspirer d'autres. ◆

Philippe Abadie

« LA CLOPE AU BEC », de Corinne Skrochowski.

PARTAGER

pages 140 - 168

Manon Pélissier, à Bucarest

ROUMANIE
les oubliés de l'électricité

VOUS PENSIEZ QUE 100 % DES EUROPÉENS AVAIENT ACCÈS À L'ÉLECTRICITÉ ? C'EST BIEN CE QUE DISENT LES STATISTIQUES… QUI OUBLIENT QU'ENVIRON 52 000 FOYERS ROUMAINS NE SONT PAS RACCORDÉS, PRINCIPALEMENT DANS DES HAMEAUX ENCLAVÉS. FACE AU DÉSINTÉRÊT DE L'ÉTAT, UNE ASSOCIATION SILLONNE LA RÉGION DEPUIS 2012 POUR LEUR APPORTER LA LUMIÈRE.

FREE MIORITA.
Un des membres de cette association installe l'électricité dans une maison isolée du nord-est de la Roumanie.

Se laver à l'eau chaude, téléphoner ou écouter la radio fait désormais partie du quotidien pour Larisa, 13 ans, ainsi que sa mère et sa grand-mère. Voilà seulement deux ans que la famille Istrate profite du confort de l'électricité à Rosiori de Vede, petite ville dans le sud-ouest de la Roumanie. Dans le pays, leur ancienne situation est loin d'être un cas unique. En 2018, 52 000 logements n'avaient pas accès à l'électricité, selon le ministère roumain de l'Énergie. Autrement dit, environ 200 000 habitants continuent de s'éclairer à la bougie.

Face à cette réalité largement occultée par le gouvernement, Iulian Angheluta a décidé de réagir. Armé de panneaux solaires, ce quadragénaire bucarestois aux cheveux mi-longs arpente les routes de son pays, depuis 2012, pour éclairer ces foyers plongés dans le noir. Le travail de son association Free Miorita a déjà permis d'illuminer quatre écoles, deux églises et près de 200 maisons. C'est grâce à lui que la jeune Larisa peut maintenant allumer la lumière.

AUCUN INVESTISSEMENT

Iulian Angheluta, qui travaillait auparavant dans la publicité, a tout quitté pour se consacrer à son association, financée grâce à des dons d'entreprises et de particuliers. Deux fois par mois, il part éclairer ces foyers d'un autre temps, souvent à plus de huit heures de route de la capitale. Chaque installation coute 6 000 lei (environ 1 240 euros). La plupart de ces villages se concentrent à l'extrême nord du pays, aux frontières ukrainienne et moldave, enclavés dans les montagnes et loin des lignes électriques. *« Le réseau public date des années 1970. Depuis la chute du communisme en 1989, il n'y a eu aucun investissement. L'État ne veut pas l'étendre. Ils disent que cela coute cher »*, soupire Iulian Angheluta.

LARISA vivait jusqu'en 2018 avec sa mère et sa grand-mère dans une maison non raccordée à l'électricité de Rosiori de Vede, dans le sud-ouest de la Roumanie.

POUR AIDER Larisa à étudier dans de bonnes conditions, l'association Free Miorita est ensuite allée plus loin qu'une simple pose de panneaux solaires : la jeune fille et sa famille ont été relogées dans une maison neuve raccordée à l'électricité.

Andrei Becheru

Les villes ont été les premières équipées et les villages reculés les grands oubliés. *« Ces immenses disparités entre les villes et les campagnes sont dues à un échec des politiques gouvernementales, qui ont abandonné les zones rurales au profit des grandes villes »*, confirme Adela Serban, chercheure à l'Institut de sociologie de l'Académie de Roumanie et spécialiste de la précarité énergétique.

S'ÉCLAIRER AVEC DES BATTERIES

Les infrastructures défaillantes constituent la principale cause de cette carence en électricité. 76 % des maisons sans courant se situent à plus de deux kilomètres du réseau, ce qui rend impossible tout raccordement. Se pose aussi la question de la pauvreté. *« Beaucoup vivent dans des maisons en argile, avec les toilettes à l'extérieur. Ils ne peuvent pas payer l'électricité, qui coute 45 lei par mois* [9 euros] *ou s'acheter une lampe à pétrole à 6 lei* [1,20 euro] *»*, explique Iulian Angheluta.

D'autres ont les moyens de s'éclairer avec des batteries, comme c'était parfois le cas chez Larisa. *« Mais on ne pouvait pas les recharger donc on devait en racheter en permanence »*, souligne-t-elle. Une problématique écologique à laquelle Iulian souhaite sensibiliser les populations : *« Ils jettent tout dans la nature et ne connaissent rien sur le recyclage des déchets. C'est difficile de leur en parler. Ils essaient juste de survivre. »*

« RIEN QUE POUR CONTACTER LA POLICE, LES POMPIERS OU LES SECOURS, COMMENT FAIRE SANS ÉLECTRICITÉ ? »

Et même s'ils étaient raccordés, les factures d'électricité pourraient difficilement être payées. Alors qu'à Bucarest, la capitale, le salaire moyen net avoisine les 680 euros par mois, *« les familles les plus pauvres que l'on rencontre ont des revenus d'environ 80 euros par mois »*, constate Ionut Vlad, bénévole chez Free Miorita depuis 2014.

Sans compter qu'une demande de raccordement coute environ 550 euros et que posséder l'acte de propriété est indispensable. Or, *« très peu de gens qui habitent à la campagne possèdent ce papier. Cela coute très cher à obtenir, et la plupart du temps, plus cher que ce que vaut la maison,* poursuit Ionut. *Selon la taille du terrain, le prix peut grimper jusqu'à 600 euros. »*

Vivre sans la fée électricité pose des problèmes qu'on n'imagine guère. *« Rien que pour contacter la police, les pompiers ou les secours, comment faire ? »*, relève Iulian Angheluta. Difficile aussi d'accéder à l'information, à la connaissance ou même de trouver la motivation pour faire ses devoirs à la bougie. Le décrochage scolaire est plus fréquent. Dans ce milieu très rural, les enfants ont plus l'habitude d'aider leurs parents à s'occuper du bétail que de lire des livres, trop coûteux et rares dans les foyers. L'inclusion dans la société est quasi-impossible.

CHIFFRES FAUSSÉS

Condamnés à vivre en retrait, ces populations restent à distance de la politique. Un effacement qui leur cause du tort : *« Puisque ce ne sont pas des électeurs, ces gens ne peuvent pas aider l'État. Ils n'ont pas de valeur pour le gouvernement. Cette logique cynique est la triste vérité,* affirme Virgil Musatescu, conseiller roumain au Conseil mondial de l'énergie. *Ils devraient bénéficier d'une aide sociale mais il est plus simple pour le gouvernement de ne rien débourser. »* Selon les institutions internationales, tous les pays de l'Union européenne ont un taux d'accès à 100 % à l'électricité. Un chiffre faussé, au moins pour la Roumanie et la Bulgarie. Aucunes statistiques n'existent à propos des maisons non-raccordées au réseau électrique au sein de l'UE. En réalité, la question ne se pose même plus. *« Les pays développés sont internationalement considérés comme ayant atteint un accès universel à l'électricité. C'est donc quelque chose qui n'est pas vraiment suivi »*, admet l'Agence internationale de l'énergie.

L'ironie est amère. Suspicieux envers la classe politique, Iulian espère néanmoins que le gouvernement roumain finira, enfin, par jouer son rôle. *« Ce que je fais n'est pas colossal. Ce qui le sera, c'est quand le gouvernement aura résolu le problème. »* En attendant, il suit sa maxime : *« Quand l'État ne peut pas, nous le pouvons. »* ◆

BRUXELLES
AU SECOURS DU MOINEAU

Benjamin Leclercq, à Bruxelles

•

DANS LA CAPITALE BELGE, DES CITOYENS S'ORGANISENT POUR SAUVER CE COMPAGNON MILLÉNAIRE DE L'HOMME, DONT LES EFFECTIFS ONT BAISSÉ DE 95 % EN 25 ANS. ET LEUR MOBILISATION COMMENCE À PAYER.

•

Ce jeudi de février, l'élégante salle des mariages de l'hôtel de ville de Schaerbeek, commune du nord de Bruxelles, est presque comble. Plus d'une soixantaine de convives attendent que débute la cérémonie. Sur l'estrade, cependant, point de contrat ni de couple en émoi. Ce soir, insolite configuration, le maitre de cérémonie est un ornithologue. Et celui qu'on célèbre est un compagnon dont la fidélité à l'homme n'est plus à démontrer : le moineau.

L'ambiance n'est malheureusement pas à la fête. Car depuis quelques années, le mariage bat de l'aile. L'homme a tant transformé ses villes qu'il en a progressivement exclu le petit volatile. À Bruxelles, le divorce est même quasiment consommé : depuis vingt-cinq ans, la population de *passer domesticus* y a baissé de 95 %… Toutes les grandes villes sont concernées. À Paris, la Ligue protectrice des oiseaux (LPO) estime qu'entre 2003 et 2016, 73 % des moineaux, soit trois sur quatre, ont disparu ! Une hécatombe qu'il devient urgent d'enrayer, si l'on veut encore entendre chanter, dès janvier, cet oiseau à nos fenêtres.

L'époque est à l'extinction de masse, et toutes les espèces sont concernées… Pourquoi dès lors cibler ce si banal piaf ? objectent certains. Parce que, répondent les spécialistes, la déroute de ce passereau de quelque 40 grammes pour 14 centimètres de long a valeur de symbole. Celui, d'abord, de la rupture de l'homme moderne d'avec le reste du règne animal. *« Le moineau domestique est un très vieil et très proche ami de l'homme,* explique l'ornithologue du soir, Erik Etienne. *Depuis le néolithique, il vit littéralement avec nous : il niche dans nos constructions et mange à notre table. Et ce partout dans le*

monde et toute l'année, puisqu'il ne migre pas.» Originaire du Moyen-Orient, le moineau domestique s'est épanoui dans toute l'Europe, mais aussi en Inde, en Russie, en Amérique, en Afrique et jusqu'en Australie. Qu'en à peine vingt ans, l'homme ait pu expulser ce colocataire millénaire est un dramatique exemple de la croissante déconnexion homme-nature.

UNE ESPÈCE « PARAPLUIE »

Symbole, aussi, de villes devenues hostiles au vivant. Car si les causes de la disparition des moineaux sont multiples, et que l'évolution du bâti en est une cause majeure (les nouvelles constructions et la rénovation des façades privent cette espèce cavernicole d'habitat), l'inhospitalité généralisée de l'environnement urbain est largement incriminée : bruit, pollution lumineuse, minéralisation et bétonisation, contamination aux particules fines, disparition des insectes (dont un tiers des espèces sont aujourd'hui menacées d'extinction)… Dès lors, le moineau fait office de lanceur d'alerte. *« Comme le canari prévenait les mineurs du danger, la disparition du moineau doit nous alarmer. Une ville devenue invivable pour lui ne le sera-t-elle pas bientôt pour nous ? »*, questionne ainsi l'ornithologue.

« COMME LE CANARI PRÉVENAIT LES MINEURS DU DANGER, LA DISPARITION DU MOINEAU DOIT NOUS ALARMER. »

Et puis, plus prosaïquement, sauver cet oiseau, c'est aider l'ensemble de l'avifaune urbaine. Martinet noir, mésange bleue et charbonnière, hirondelle, accenteur mouchet, troglodyte mignon ou pouillot véloce… tous ont à y gagner : leur frère moineau est, dans la terminologie écologique, une espèce dite « parapluie ». *« Cela signifie qu'en le protégeant, on protège aussi un grand nombre d'autres espèces »*, souligne Erik Etienne.

Aussi, convaincu de l'urgence, ce dernier est-il devenu le héraut des moineaux bruxellois, et l'un des moteurs de la riposte citoyenne. Guide nature, formateur et ornithologue, membre de la grande ONG de protection de la nature Natagora, il sillonne la capitale belge pour prêcher la bonne parole, et consolider la petite armée militante de défense du volatile. Avec succès : cette dernière ne cesse de croitre. Ainsi, depuis qu'il a cofondé en 2016 le tout premier « groupe moineaux » de Bruxelles, dans la commune de Saint-Gilles, l'initiative a largement essaimé : dix communes (sur les dix-neuf qui composent la capitale) ont désormais leur groupe moineaux. Et la petite armée, lancée à deux, réunit aujourd'hui des dizaines de bénévoles.

Tant mieux, car le travail ne manque pas. Il a d'abord fallu dresser un état des lieux. C'est-à-dire arpenter les rues et interroger les habitants pour répertorier et cartographier les dernières colonies de moineaux et repérer les sites de nidification – un tel recensement a même été lancé au niveau régional en pleine crise du Covid-19. Puis l'opération de sauvegarde elle-même a pu débuter. Le collectif s'est doté de deux outils. Le premier, le « kit moineaux », est une aide d'urgence pour endiguer l'hémorragie. Il est distribué gratuitement aux habitants candidats, et réunit l'essentiel : une mangeoire spécifique (qui bloque l'accès aux voraces pigeons, perruches et autres rats) ; un nichoir trois places (le volatile est grégaire) ; et quelques kilos de nourriture, riche en protéines végétales (graines) et animales (vers de farine). Sur la seule commune de Saint-Gilles, une cinquantaine de kits ont d'ores et déjà été installés. Soit une copieuse aide alimentaire locale et 150 nouvelles cavités pour les nids. Ce qui a conduit à une fréquentation des moineaux décuplée dans les jardins de certains habitants.

Le second outil, le « cahier des moineaux », s'inscrit dans le long terme. Véritable bible de la préservation de l'espèce, il doit sensibiliser la population et lui donner toutes les clés pour s'investir. Y sont notamment consignés les principaux « coups de main » à offrir à l'oiseau. Parmi eux : la végétalisation (qui attire les insectes, dont dépendent les oisillons, et qui fournit des graines, nécessaires aux adultes) ; le bon usage des mangeoires et des nichoirs ; la surveillance des chats (dont les études montrent que chacun cause en moyenne la perte de 7 à 40 oiseaux chaque année) ; ou encore des conseils relatifs au bâti, pour des rénovations extérieures accueillantes aux oiseaux. Des bonnes pratiques relayées lors d'actions de sensibilisation sur le terrain et dans les écoles.

Les citoyens ont toutefois vite compris qu'ils n'y arriveraient pas seuls. Opiniâtres, ils sont parvenus à convaincre les communes de s'impliquer. Comme celle de Saint-Gilles, pionnière. Cette année, elle s'est engagée à tester un nouveau dispositif : des « bandes nourricières », parterres de plantes céréalières installées sur une grande avenue, pour recréer un réservoir naturel de graines dans la ville. ◆

Shutterstock

TRUMP L'A EXPULSÉ, LE CODE L'A SAUVÉ

Texte : Marie-Pia Rieublanc, à Mexico
Photos : Marianne Wasowska

VICTIME DE LA POLITIQUE MIGRATOIRE DES ÉTATS-UNIS, PAYS OÙ IL A PASSÉ SA JEUNESSE, CLAUDIO REVIT DANS SA VILLE NATALE, MEXICO, EMPLOYÉ PAR UNE START-UP. SON TREMPLIN : HOLA CODE, UNE ÉCOLE DE PROGRAMMATION INFORMATIQUE QUI PERMET À D'EX-MIGRANTS DE REBONDIR DANS LA TECH.

CLAUDIO, 27 ANS, est employé depuis novembre 2019 dans une start-up financière à Mexico. Son équipe compte sur lui pour créer des applis de paiement en ligne qui bousculeront les banques traditionnelles.

DANS LA CHAMBRE de Claudio Gage Sedas, quelques souvenirs de sa vie aux États-Unis, où il a vécu avec sa famille entre 2006 et 2017.

Lorsqu'il code, Claudio est dans son monde. La musique électro l'aide à se concentrer pour écrire en Java, l'un des quatre langages de programmation que ce jeune Mexicain manie à tout juste 27 ans. Qui l'observe pour la première fois sur son lieu de travail, à l'aise devant les lignes multicolores qu'il empile sur l'écran de son ordinateur, ne peut se douter que son plus grand exploit informatique se résumait il y a à peine plus d'un an à la maitrise d'Excel.

Développeur semi-senior, Claudio Gage Sedas est employé depuis novembre 2019 dans une start-up de fintech (technologie financière) à Mexico, et son équipe compte sur lui pour créer des applis de paiement en ligne qui bousculeront les banques traditionnelles. Collé au dossier de son fauteuil dans les bureaux partagés que loue son entreprise près du quartier d'affaires de la capitale mexicaine, il ne retire son casque que de temps à autre pour informer sa collègue Len de ses avancées. Toute la boite communique en espagnol, sauf eux, qui échangent en anglais. Ils ont vécu de nombreuses années aux États-Unis avant de perdre le droit d'y résider sous l'ère Trump, et la culture nord-américaine leur manque.

Ils ont aussi en commun d'être passé par Hola Code, un centre de formation aux métiers de l'informatique qui a ouvert ses portes en 2017 dans l'ancienne cité aztèque. Ce *bootcamp* (jargon de l'armée américaine qui désigne les cours de code intensifs) a la particularité de n'accepter que des Mexicains *deportados* et *retornados* : les premiers ont été expulsés des États-Unis, les seconds ont été forcés de rentrer d'eux-mêmes à cause des difficultés entrainées par leur situation migratoire irrégulière. Dans une moindre mesure, l'école forme également des étrangers réfugiés au Mexique, à la recherche, eux aussi, d'un tremplin pour s'intégrer dans un pays qui a enregistré en 2019 plus de 70 000 demandes d'asile.

LOIN DE SAN DIEGO

Claudio Gage Sedas, lui, fait partie des expulsés. Cela fait plus de deux ans qu'il n'a pas pu remettre un pied à San Diego, en Californie, où il a vécu de ses 14 à ses 25 ans, et où habitent encore ses parents et son petit frère. *« Hola Code est le premier endroit où je me suis senti chez moi à Mexico »*, se souvient le jeune homme, né en 1992 dans la capitale mexicaine. Formé en 2019, il fait partie de la troisième promo de l'école, qui a déjà permis à 70 personnes d'obtenir le niveau de « développeur full stack » et à 73 % d'entre elles de s'intégrer dans les meilleures entreprises tech du pays. *« À mon arrivée au Mexique, je ne disais à personne que j'avais été expulsé des États-Unis, car ici les gens pensent que tous les expulsés sont des criminels. Mais une fois dans cette école, j'ai pu y rencontrer d'autres personnes ayant vécu cette expérience, avec qui je pouvais échanger en anglais, parler de mon histoire et partager des références culturelles. »*

Avant de s'installer aux États-Unis, lui et sa famille vivaient à Los Cabos, sur la sublime pointe de la Basse-Californie du Sud. Son père y travaille dans l'industrie hôtelière. Les Gage Sedas migrent de l'autre côté de la frontière en 2006, après l'élection du conservateur Felipe Calderon à la présidence du Mexique et à l'aube du déclenchement de sa très controversée « guerre contre le narcotrafic ». Pas de gaité de cœur, mais pour sauver leur peau : le père vient d'apprendre que l'un des cartels de la station balnéaire dispose d'une liste de personnes à séquestrer sur laquelle figure… son nom.

Grâce à un permis spécial octroyé par l'Université de Californie à San Diego aux étrangers en situation irrégulière, Claudio y entame des études de biologie humaine. Puis il obtient un visa de travail lorsqu'un laboratoire de sa fac l'embauche au terme de sa licence. *« J'ai choisi cette filière parce que je voulais un métier où l'on ne passe pas ses journées dans un bureau devant un ordinateur… Et qu'est-ce que je fais, maintenant ? »* Le jeune homme sourit en repensant à la façon dont le

« À MON ARRIVÉE AU MEXIQUE, JE NE DISAIS PAS QUE J'AVAIS ÉTÉ EXPULSÉ DES ÉTATS-UNIS, CAR LES GENS PENSENT QUE TOUS LES EXPULSÉS SONT DES CRIMINELS. »

AUX ÉTATS-UNIS, Claudio avait obtenu une licence en biologie humaine, et obtenu un visa de travail en travaillant dans un laboratoire de sa fac, à San Diego. Cela ne l'a pas empêché de se faire expulser, fin 2017.

destin et la cruauté du système migratoire américain l'ont fait dévier de sa trajectoire.

Sa vie bascule le 23 décembre 2017. En cette veille de réveillon, il sort diner avec quatre amis à Tijuana, à deux pas de chez lui, de l'autre côté du mur qui sépare les États-Unis du Mexique. De retour du restaurant, le groupe se soumet à un contrôle frontalier pour rentrer se coucher. Les amis de Claudio ne rencontrent aucune difficulté, mais lui est prié de se rendre en salle d'inspection, où, au bout de sept heures, soit à 4 heures du matin, un agent de la douane américaine lui indique qu'il ne passera pas. *« Sur le moment, je ne me suis pas trop inquiété, car je me disais qu'il ne pouvait rien m'arriver de grave, vu que je n'étais pas sans-papier »*, se souvient Claudio, qui pense alors qu'il s'agit d'une erreur.

VISA ANNULÉ

Le 24 décembre, après avoir dormi chez un ami à Tijuana, il tente sa chance dans un autre check-point. Surprise : un rapport de police indique qu'il a avoué la veille avoir travaillé sans permis et investi illégalement dans l'immobilier aux États-Unis. *« Je n'avais pas prononcé un seul mot au cours de ma détention de sept heures, alors j'ai demandé au douanier de me dire s'il avait un enregistrement prouvant que j'avais fait ces déclarations, mais il n'a rien voulu entendre »*, raconte Claudio, dont le visa est arbitrairement annulé ce jour-là. *« J'étais sous le choc*, poursuit-il. *Je savais que depuis l'élection de Donald Trump cela arrivait à de nombreux Mexicains, mais je n'arrivais pas à croire que cela venait de m'arriver à moi. »*

Les expulsions étaient déjà très nombreuses sous les deux mandats du démocrate Barack Obama : entre 2008 et 2016, 2,1 millions de Mexicains ont été expulsés des États-Unis, selon les rapports annuels de la douane américaine. *« Mais personne n'en parlait, jusqu'à ce que Trump soit élu et place le thème dans l'agenda public avec sa rhétorique anti-migratoire, forçant la société civile à réagir »*, se souvient Aida Chávez, codirectrice générale de Hola Code et membre de l'équipe fondatrice du projet.

Avec les deux autres cofondateurs, rencontrés en 2016, elle se demande alors comment faciliter l'insertion socio-professionnelle de cette population à travers l'entrepreneuriat social et découvre que les développeurs sont en tête des postes les plus recherchés au Mexique, en raison de l'automatisation qui s'accélère, dans les secteurs de la finance notamment. *« Nous nous sommes dit qu'en créant cette école, nous aurions des élèves hautement compétitifs, car en plus de savoir programmer, ils seraient bilingues et biculturels, et donc capables de travailler pour des entreprises américaines ou canadiennes »*, ajoute cette Mexicaine de 34 ans, diplômée en études migratoires.

Le programme de Hola Code, conçu pour enseigner le code en cinq mois à des non-initiés, est inspiré de celui de Hack Reactor/Galvanize, un *bootcamp* de San Francisco reconnu comme l'un des meilleurs au monde. Pour passer les épreuves de sélection, pas besoin d'expérience, mais d'un esprit logique et structuré. Les étudiants sont aussi formés à la rédaction de CV, aux entretiens d'embauche, et l'école est en relation avec de nombreuses entreprises pour assurer leur insertion. Au cours de leur formation, les inscrits ne dépensent pas un sou et se voient offrir deux repas par jour. L'école verse même une aide

« J'AI LA CHANCE DE VIVRE DANS L'UNE DES VILLES LES PLUS COOL DU MONDE ET D'AIMER MON JOB, MAIS MA FAMILLE ME MANQUE VRAIMENT BEAUCOUP. »

financière à ceux qui en ont besoin. C'est seulement après avoir trouvé un emploi que les anciens élèves doivent rembourser entre 5000 et 6000 dollars (4573 à 5488 euros mi-avril) selon l'aide qu'ils ont reçue, ce qui est peu par rapport aux tarifs des écoles de code américaines, qui oscillent entre 19000 et 30000 dollars.

PAS BESOIN D'EXPÉRIENCE

« Quand j'ai découvert cette école lors d'une soirée portes ouvertes organisée dans ses locaux, j'ai d'abord pensé que c'était trop beau pour être vrai, mais en écoutant les anciens élèves qui avaient trouvé un bon travail en sortant, je me suis dit que je ne pouvais pas passer à côté d'une telle opportunité et j'ai postulé le soir même », se souvient Claudio. À l'époque, il s'était fait virer de chez sa grand-mère, avec qui il n'était pas parvenu à recréer des liens, et gagnait sa vie comme coursier à vélo à Mexico, faute d'avoir trouvé un poste de biologiste bien rémunéré. L'occasion était plus que bienvenue.

À la fin de sa formation express, durant laquelle il a accumulé 1300 heures de code, le jeune *chilango*, comme on appelle les 9 millions d'habitants de la capitale mexicaine, est employé chez Conekta, une plateforme de paiement en ligne reconnue comme l'une des étoiles montantes de l'entrepreneuriat national. Cinq mois plus tard, il est débauché par une autre start-up qui l'invite à faire partie des trois premiers membres de son équipe. Aujourd'hui, la boite est cinq fois plus grande et Claudio émarge à 30000 pesos par mois (soit à peu près 1150 euros mi-avril), un salaire confortable au Mexique où le revenu minimum mensuel est d'environ 3700 pesos. Cette stabilité lui permet de payer son loyer et faire des économies, en plus de contrôler un diabète qui lui coute environ 3000 pesos par mois.

« Je ne peux pas dire que je ne suis pas heureux aujourd'hui, car j'ai la chance de vivre dans l'une des villes les plus cool du monde et d'aimer mon job, mais ma famille me manque vraiment beaucoup », témoigne le jeune homme. Ses parents et son frère ne peuvent en effet se permettre de sortir du territoire américain, de peur de perdre leur visa à leur tour, et de mettre en péril les études de musique que suit le cadet en Californie. *« Le plus dur, c'est de ne pas avoir pu leur dire au revoir. »*

Le sentiment d'appartenir à une communauté, au sein de sa nouvelle équipe, compense sa tristesse. Il a l'impression d'être *« un maillon important de la chaine »* et l'espoir de grandir professionnellement, à tel point qu'il ne cherche plus à retourner vivre aux États-Unis à tout prix, comme c'était le cas avant de trouver ce travail. *« J'ai la possibilité de défendre mon cas à partir de décembre 2020, pour récupérer le droit d'entrer sur le territoire, mais aujourd'hui je n'ai plus envie d'abandonner ce que je suis en train de construire ici, surtout si Trump gagne les prochaines élections »*, confie Claudio. Il essaiera malgré tout d'obtenir un visa touristique pour passer un Noël en famille, trois ans jour pour jour après sa brutale expulsion des États-Unis. ◆

CLAUDIO, qui maitrise quatre langages de programmation, émarge aujourd'hui à 30000 pesos par mois (soit environ 1150 euros), un salaire confortable au Mexique où le revenu minimum mensuel est de 3700 pesos.

La belle enjambée

Texte : Camille Jourdan
Photos : Mathieu Cugnot/Divergence

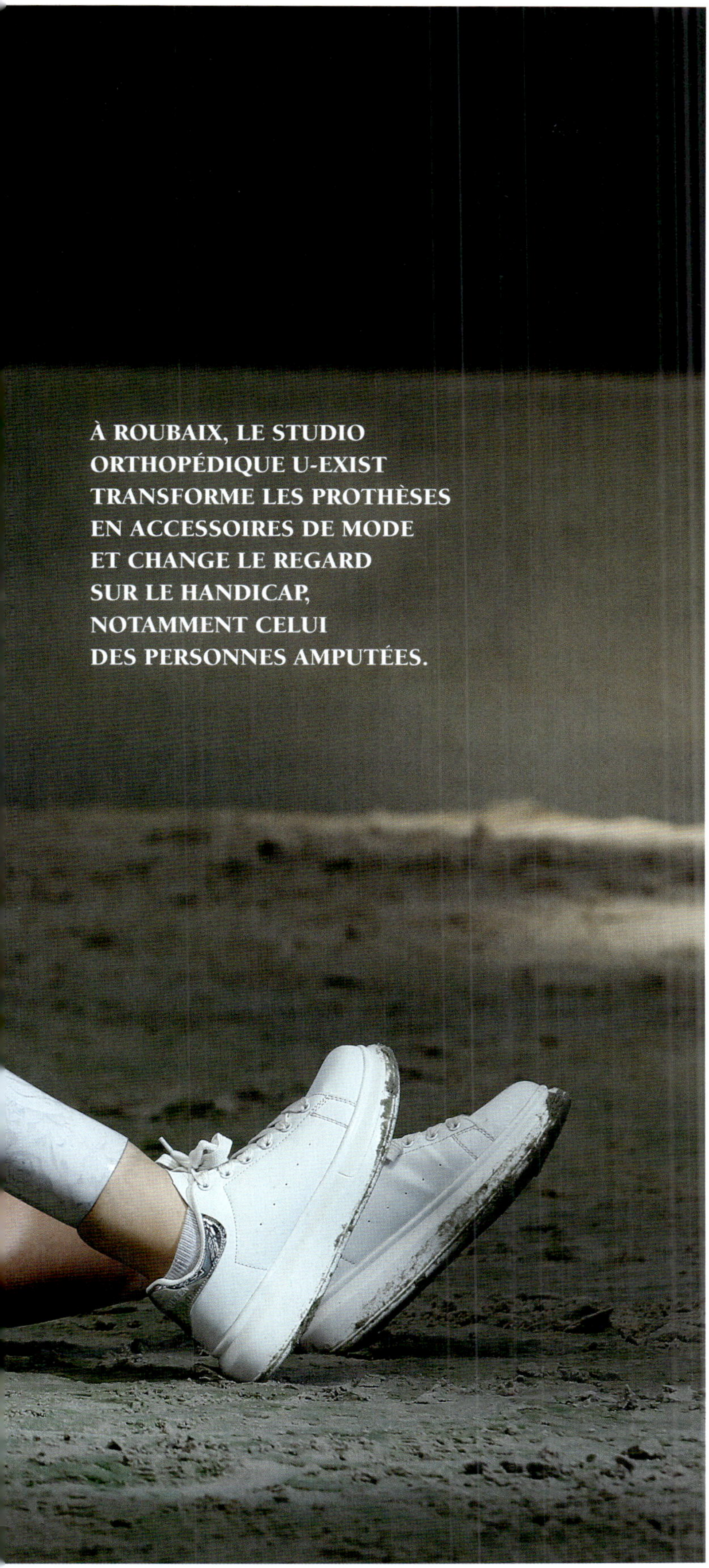

VICTOIRE LAMAND, 17 ans, a été amputée d'une jambe à l'âge de 5 ans, après un cancer. Jusqu'à Noël 2019, elle refusait de se rendre au lycée en montrant sa fausse jambe.

À ROUBAIX, LE STUDIO ORTHOPÉDIQUE U-EXIST TRANSFORME LES PROTHÈSES EN ACCESSOIRES DE MODE ET CHANGE LE REGARD SUR LE HANDICAP, NOTAMMENT CELUI DES PERSONNES AMPUTÉES.

Derrière la vitrine, des jambes colorées sont exposées comme le seraient des chaussures, entre deux prothèses de bras et un corset. Jaune, rouge, verte, à fleurs, à carreaux, rayée, assortie à des baskets, ornée d'une inscription ou passe-partout : il y en a pour tous les goûts ! Nous sommes à Roubaix (Nord), dans l'atelier de U-Exist, petite entreprise qui personnalise les prothèses de personnes amputées ou nées handicapées. U-Exist ne les fabrique pas directement : elle se contente de dessiner et d'imprimer les motifs pour les orthoprothésistes.

Oubliez le faux bras couleur chair, ou les jambes en plastique recouvertes d'une mousse rosâtre : on peut désormais choisir sa prothèse comme un accessoire de mode. Des roses grises ornent celle de Victoire Lamand, 17 ans. *« L'été, ça va avec tout »*, assure la jeune fille, qui en ce jour de printemps porte un short blanc. Victoire a été amputée d'une jambe à l'âge de 5 ans, après un cancer. Jusqu'à Noël 2019, elle refusait de se rendre au lycée en montrant sa fausse jambe recouverte d'une mousse couleur chair, qu'elle dissimulait sous ses pantalons. *« La peur du regard des autres »*, explique-t-elle. *« Il y a quelque temps, son orthoprothésiste lui a dit qu'il y en avait "marre de ses prothèses de grand-mère", et elle lui a parlé de U-Exist,* raconte sa maman. *Maintenant, Victoire coupe tous ses pantalons »*, sourit-elle. *« Même si j'aimerais bien voir ce que ça fait d'avoir deux jambes durant un instant, je ne voudrais pas abandonner ma prothèse,* abonde la jeune fille. *Ça fait un style ! »*

Donner du style à ce qui est souvent caché : voilà le crédo de Simon Colin, 35 ans, orthoprothésiste de formation et cofondateur de U-Exist avec la styliste Amandine Labbé, en 2014. Dès ses études, il ne peut se résoudre à voir des femmes *« fondre en larmes en voyant leur prothèse »*, ou un enfant qui ne veut pas porter la sienne *« parce qu'il en a peur »*. Son sujet de mémoire en 2008 ? « L'impact de la personnalisation d'un appareillage orthopédique sur la psychologie du patient. » *« Ce n'était pas qu'un mémoire, c'était un projet de vie »*, rectifie-t-il aujourd'hui.

À la sortie de son école, Simon planche sur la personnalisation et l'embellissement des prothèses, *« parce que tout objet mérite son design »*. Selon lui, les prothèses ne doivent pas tenter d'imiter les membres qu'elles remplacent : *« C'est quasi impossible d'avoir une teinte identique à sa couleur de peau, ce qui rend le résultat vraiment moche. Et je pense qu'il est difficile de faire le deuil de son membre en essayant de le remplacer par un appareil qui tente en vain de lui ressembler.* » Alors le jeune homme s'entoure d'artistes et expérimente différentes techniques : peinture, sérigraphie, impression… Les jambes et bras qu'il crée sont exposés dans de petites galeries, des bars ou à l'université, « *pour sensibiliser le grand public au handicap, et le démystifier* ». Oscar Pistorius n'a alors pas encore fait la une des journaux : ce n'est qu'en 2012 qu'il deviendra le premier athlète amputé à participer à une course olympique parmi les valides. Et il faudra attendre 2014 pour que Karen Crespo, jeune femme amputée de quatre membres, soit appelée à défiler avec ses prothèses à la *fashion week* de New York.

DES ANNÉES DE SOUFFRANCE

« *Maintenant, on assume davantage* », se réjouit Denis Fournier, 49 ans, dont plus de trente appareillé. Comme il continue malgré tout à essuyer des regards insistants, il a préféré donner « *un côté fun* » à sa prothèse : lorsqu'il se met en short, il enfile un tissu en lycra par-dessus sa jambe artificielle. Il en a acheté trois modèles, tous conçus par U-Exist. « *Il faudrait que j'en commande d'autres, car ils ne sont pas assortis à mes nouveaux shorts.* »

Plus de 260 motifs sont proposés au catalogue de U-Exist, classés en différentes collections : nature, jeunesse, robotique… La directrice artistique, Amandine Labbé, se nourrit des tendances de la mode et des demandes des patients, qui peuvent même commander un design sur mesure. C'est ce qu'a fait David Barnabé, il y a un an. Amputé après des années de souffrance dues à un accident, ce gendarme de 51 ans arbore fièrement sa nouvelle

La directrice artistique de U-Exist se nourrit des tendances de la mode et des demandes des patients, qui peuvent commander un design sur mesure.

DENIS FOURNIER, 49 ans, est appareillé depuis trente ans. Lorsqu'il se met en short, ce sportif enfile un tissu en lycra par-dessus sa jambe artificielle. Il en a trois modèles, tous conçus par U-Exist.

DAVID BARNABÉ, 51 ans, est gendarme. Amputé après des années de souffrance dues à un accident, il a fait faire une prothèse de jambe colorée, recouverte de dessins réalisés par sa compagne.

1
ZZR
1400
AKRAPOVIC

jambe colorée, recouverte de dessins réalisés par sa compagne. On y distingue un phénix, *« qui renait de ses cendres »*, des menottes qui rappellent son métier, les chiffres des mois de naissance de ses enfants, mais aussi des dés, un lion, une balance… *« Je ne voulais pas avoir la même prothèse que tout le monde*, explique-t-il. *Elle fait partie de moi, je veux qu'elle soit unique. »*

Qu'ils soient choisis sur catalogue ou dessinés sur mesure, les motifs conçus par U-Exist sont imprimés sur des tissus ou papiers spécifiques avant d'être envoyés aux orthoprothésistes. À eux de les intégrer ensuite aux prothèses, grâce à un procédé de sublimation : une résine viendra par exemple figer le tissu sur l'appareil, ou un papier transfert décorer une orthèse, à la manière d'une décalcomanie. Simon sélectionne les meilleurs textiles, encres, et conseille d'anciens confrères devenus ses clients. *« Mon ancien métier est un atout, au moins je ne leur parle pas chinois. »*

« COMME UN PANTALON HAUT DE GAMME »

Le prix que la société facture aux orthoprothésistes varie entre une dizaine et une quarantaine d'euros pour un motif choisi sur catalogue, et 250 euros pour un dessin réalisé par ses soins. Si le patient apporte lui-même son motif, comme l'a fait David Barnabé, le service coutera entre 50 et 150 euros. Un cout que les orthoprothésistes choisissent souvent de ne pas répercuter sur leurs patients. Pour David Barnabé, qui a sorti 130 euros de sa poche, c'est *« comme se payer un pantalon haut de gamme »*. Un pantalon qu'il pourra d'ailleurs renouveler, puisque son dessin peut être réimprimé sur sa prochaine prothèse, pour le prix d'un motif de base. *« Le motif lui appartient à vie*, détaille Simon Colin. *Nous ne l'utiliserons pas pour d'autres patients. »*

« Je ne voulais pas avoir la même prothèse que tout le monde. Elle fait partie de moi, je veux qu'elle soit unique. »

C'est une réalité, le matériel orthopédique devient un luxe dès qu'il s'éloigne des standards de l'Assurance maladie. Les prothèses, qui valent plusieurs milliers d'euros, sont a priori intégralement remboursées. Mais quand il s'agit de leur ajouter une option, les personnes demandeuses doivent débourser des sommes importantes : le pied de Victoire, par exemple, a couté 2 500 euros. Et l'esthétique des prothèses de base laisse à désirer : Aurélie Warlop, 39 ans, en avait assez de son bras couleur chair remboursé par la Sécu, qui *« devient noir au bout de quelques semaines, car se salit »*… Cette adepte de crossfit est maintenant l'heureuse propriétaire d'une prothèse rose et bleue sortie du catalogue de U-Exist.

L'accessibilité de ses créations demeure le combat de l'entreprise. *« Je préfère proposer un produit moins cher en passant par les orthoprothésistes, qui pourront l'intégrer dans le processus de fabrication de la prothèse, plutôt que de vendre un produit fini plus cher directement aux patients, et que cela soit réservé à une élite »*, assume Simon Colin. Cette démarche différencie U-Exist de ses rares concurrents, qui s'adressent la plupart du temps aux usagers, à des tarifs beaucoup plus élevés et avec une gamme réduite d'appareillages et de motifs.

Récente, la pratique de la personnalisation est encore loin d'être systématique. *« Certains orthoprothésistes nous disent qu'ils n'ont pas de demande de prothèses personnalisées*, raconte Simon Colin. *C'est parce qu'il y a encore peu d'offre ! »* Mais le trentenaire remarque un réel intérêt pour son travail, notamment de la part des plus jeunes orthoprothésistes. U-Exist collabore désormais avec quelque 200 professionnels à travers la France, ainsi qu'avec un distributeur au Benelux, et d'autres en Italie, en Australie, en Allemagne, aux États-Unis ou encore au Japon. L'avenir est à l'affirmation des différences. ◆

AURÉLIE WARLOP, 39 ans, en avait assez de sa prothèse de bras couleur chair. Cette adepte de crossfit en a maintenant une bien plus fantaisiste.

SIMON COLIN, 35 ans, est orthoprothésiste de formation. Avec la styliste Amandine Labbé, il a cofondé U-Exist en 2014.

VIENS CHEZ MOI, J'HABITE DANS UN BUREAU

Texte : Marie Roy
Photos : Théophile Trossat

HÉBERGER DES PERSONNES EN DIFFICULTÉ DANS DES LOCAUX PROFESSIONNELS INOCCUPÉS : IL FALLAIT Y PENSER, UNE ASSOCIATION L'A FAIT. À NANTES, LES BUREAUX DU CŒUR DONNENT VIE À CETTE IDÉE DEPUIS 2019.

Un matin de juin, vers 9 heures, deux hommes discutent dans une cuisine moderne et bien équipée. La scène pourrait se passer à l'intérieur d'un appartement cossu, mais non : on est dans les bureaux de l'agence de communication Nobilito, à Nantes. Et les deux hommes sont Pierre-Yves Loaëc, 43 ans, directeur de Nobilito, et Buba Bas, 42 ans, un sans-papier gambien qu'héberge son entreprise depuis six mois grâce à l'association Les Bureaux du cœur.

Avant de prendre son café, Buba file faire un brin de toilette dans l'espace sanitaire – équipé d'une douche – de l'entreprise. *« On a mis le canapé convertible près de la pièce avec douche pour que ce soit plus simple pour lui »*, précise le patron.

La démarche des Bureaux du cœur, dont il est également le vice-président, consiste à fédérer des entreprises prêtes à accueillir des personnes en difficulté sociale dans les périodes où leurs locaux sont vides. Il y en a douze pour le moment. Un premier test de quinze jours est d'abord défini et, si tout se déroule bien, « l'invité », selon le jargon de l'association, peut rester plus longtemps.

BUBA BAS, 42 ans, est un carreleur originaire de Gambie. Sans-papier, il a posé ses affaires dans les bureaux de Nobilito en janvier.

Accueillir des personnes qui en ont besoin dans des locaux vides la nuit : l'idée était à la fois évidente et osée. C'est Pierre-Yves Loaëc qui a, le premier, songé à ce dispositif : *« C'était en 2017. Cet hiver-là était plutôt rude, et tous les jours, je passais devant une femme sans abri qui s'était installée sur une bouche d'air de parking pour tenter d'atténuer la morsure du froid. »* Le directeur de Nobilito est alors tenté de proposer à cette SDF de passer la nuit dans son entreprise, où le chauffage fonctionne 24 heures sur 24. *« Mais je n'ai jamais franchi le pas, je n'ai pas eu le courage. »* Les semaines passent et les beaux jours font doucement leur retour. *« Le printemps arrivait et je voyais toujours cette femme. Je me souviens m'être dit : elle est toujours en vie, et avec le retour de températures plus clémentes, les choses vont forcément aller mieux pour elle. Là, j'ai réalisé que j'avais pensé ça alors que je ne l'avais pas aidée : mais quel cynisme de ma part ! Quel manque de courage ! »*

« UN MÉTIER ET UNE BELLE VIE »

C'est cette prise de conscience qui produit le déclic. Pierre-Yves Loaëc a alors besoin d'un plan d'action pour monter ce qui va devenir les Bureaux du cœur. Également président du Centre des jeunes dirigeants de Nantes, il décide d'en parler à d'autres chefs d'entreprise : une quinzaine répondent aussitôt à l'appel !

Résoudre toutes les questions d'organisation a pris plusieurs mois. Au cours de cette période, les Bureaux du cœur ont choisi de se faire accompagner par l'association Saint Benoît Labre, l'une des plus importantes de la région dans le domaine de l'exclusion sociale. Cette structure bien implantée (elle a été fondée en 1953) sert donc d'intermédiaire entre les sans-abris et les entreprises, et accompagne aussi les parties prenantes tout au long du processus : *« Ce dispositif ne correspond pas à toutes les personnes en précarité. Il faut qu'elles soient déjà engagées sur la voie de la réinsertion »*, note Thierry Pastou, responsable du pôle hébergement et logement à Saint Benoît Labre.

Après ces quelques mois de mise en place, une entreprise membre des Bureaux du cœur, ACM Ingénierie, basée à La Montagne (près de Nantes), accueille une première invitée. Nous sommes à la fin de l'année 2019.

Buba Bas sera le second bénéficiaire du dispositif. Originaire de Gambie, petit pays anglophone enclavé dans le Sénégal, il est arrivé dans l'Hexagone il y a six ans. *« Je suis passé par Strasbourg*

« CE DISPOSITIF NE CORRESPOND PAS À TOUTES LES PERSONNES. IL FAUT QU'ELLES SOIENT DÉJÀ ENGAGÉES SUR LA VOIE DE LA RÉINSERTION. »

LIT, FRIGO, MICRO-ONDES : voilà l'équipement dont dispose Buba Bas, en plus de l'accès aux parties communes.

et Paris avant d'arriver à Nantes », raconte Buba en anglais. Quand il quitte la Gambie, il emmène dans ses valises l'espoir de trouver *« un métier et une belle vie »*. L'objectif est de faire venir sa famille une fois qu'il sera installé.

PARCOURS DU COMBATTANT

Malheureusement, la déception est très rapidement au rendez-vous. Malgré sa solide expérience de carreleur, l'absence de papiers est un frein énorme pour trouver un travail. *« Pourtant, il a de l'or dans les mains ! »*, se désole Pierre-Yves en versant du café dans la tasse de Buba. Pour preuve, ce dernier fait tourner les pages de son book. Tout en regardant défiler les photos de mosaïques, le dirigeant de Nobilito le reconnait : *« C'est à travers Buba que je me rends vraiment compte de ce que c'est que d'être un migrant en France, surtout avec le parcours du combattant pour les papiers à la préfecture. »*

Le Gambien referme fièrement son book et précise qu'il l'a récemment retravaillé avec Allan, un employé de Nobilito. *« Il s'agit aussi d'une aventure humaine,* souligne Pierre-Yves. *Il faut que les employés qui font partie des entreprises membres des Bureaux du cœur soient aussi partants. Il se construit des liens entre lui et les gens de Nobilito, c'est aussi en cela que c'est intéressant ; ça crée des connexions qui n'auraient pas existé s'il n'avait pas été hébergé dans l'entreprise. »*

« À NANTES, C'EST DUR DE TROUVER UNE PLACE DANS UN FOYER. DONC POUVOIR DORMIR ICI, C'EST IMPORTANT POUR MOI. »

Durant le confinement provoqué par l'épidémie de Covid-19, ces liens ont été brutalement rompus. Les vingt-cinq salariés de Nobilito, comme une grande partie des Français, se sont mis au télétravail depuis leurs domiciles. Seul dans les locaux vides, Buba continue malgré tout à voir ce dispositif comme une chance : *« À Nantes, c'est dur de trouver une place dans un foyer. Donc pouvoir dormir ici, c'est important pour moi ; c'est ça ou la rue, je n'ai pas d'autre choix. »*

PIERRE-YVES LOAËC, 43 ans, est directeur de Nobilito et vice-président des Bureaux du cœur.

Le confinement a aussi mis un coup de frein au déploiement du dispositif des Bureaux du cœur : *« Les pouvoirs publics ont créé 400 places d'accueil en plus en foyers à Nantes, pour pouvoir satisfaire les besoins pendant le confinement. Donc Saint Benoit ne nous a pas envoyé de nouveaux sans-abris. Parce que pour eux, avec le suivi, c'est plus de boulot de nous confier des personnes. Donc quand ils peuvent tous les accueillir chez eux, c'est plus simple. Dès que les choses reviendront à la normale, on sera bien sûr présents pour héberger et prendre notre part. »* ◆

LH FORUM

Forum international des villes et territoires positifs

LES TERRITOIRES EN PREMIÈRE LIGNE POUR

RÉINVENTER LE MONDE

24 & 25 SEPTEMBRE 2020 - LE HAVRE

Le Volcan
8 place Oscar Niemeyer

GRATUIT
Ouvert à tous

Inscription sur
institut-economiepositive.com

Conférences
retransmises
en live sur le site

bdsa L'AGENCE

Organisé par :

Institut de l'Économie Positive
Positive Planet

En partenariat avec :

leHavre
Le Havre Seine Métropole
AVIVA
engie
CCI Seine Estuaire — 1er réseau business
transdev — the mobility company
VEOLIA
leboncoin
WE DEMAIN — une revue pour changer d'époque

UNE MOUSSE ZÉRO CARBONE

Texte : Laurence Marliac
Photos : François Daburon

•

POLYVALENT, AUTONOME ET ENGAGÉ : DANS SON PETIT VILLAGE DE LA MARNE, CET AGRICULTEUR-BRASSEUR EST BIEN DÉCIDÉ À FAIRE BOUGER LES LIGNES. AVEC COMME OBJECTIF DE PRODUIRE UNE BIÈRE BIO, LOCALE ET ÉCOLOGIQUE.

•

Bienvenue à Sommepy-Tahure, 600 habitants disséminés au cœur de cette Champagne aux sols si arides que longtemps seul l'élevage des moutons y fut possible. Un village résilient, totalement détruit pendant la première guerre mondiale. Reconstruite par ses habitants, cette bourgade de la Marne a opéré sa mue grâce aux engrais, lorsque la terre calcaire s'est transformée en opulente plaine dédiée à la culture des céréales et de la betterave sucrière.

C'est ici, sur les terres appartenant à sa famille depuis cinq générations, que Jean-Bernard Guyot a installé la brasserie d'Orgemont, en 2001. *« Je n'étais pas vraiment parti pour reprendre la ferme familiale,* avoue pourtant le brasseur, aujourd'hui âgé de 46 ans. *Mais on a beau le mettre entre parenthèses, le lien avec la terre reste puissant et la passion pour ce métier vous dicte le chemin. »*

Du genre curieux et aventureux, le jeune homme a en effet d'abord eu envie de voir le vaste monde. Direction les États-Unis, où il passe son bac, puis l'Irlande et Berlin, avec entre-temps la préparation d'un BTS d'aménagement de l'espace à Lille. *« C'est là que j'ai découvert la bière »*, explique-t-il en riant. Mais c'est en Belgique, à Liège et Mons, où il travaille dans des brasseries, qu'il a le déclic : celui de renouer avec la tradition brassicole de sa région d'origine. *« En 1905, il existait 60 petites brasseries dans la Marne,* rappelle-t-il. *La dernière a fermé en 1985. »*

Faire travailler ensemble ferme et brasserie, telle est l'idée du jeune homme. Avec pendant les premières années un partage des tâches : son père poursuit la tradition de l'élevage de moutons, tandis que lui met en route une brasserie dans la grange à fourrage.

Le premier cru, vendu sur place et dans les cafés et restaurants à l'entour, en 2001, conforte l'ex-baroudeur dans l'idée de produire sa propre bière : *« Nous étions bien peu à l'époque à croire que l'on pouvait se confronter avec la brasserie industrielle »*, se souvient-il.

La brasserie enrichit rapidement sa carte, avec une douzaine de blondes et de brunes, fruitées ou ambrées. Puis, en 2006, c'est le rachat des bières Valmy, créées par des agriculteurs voisins dans le village du même nom, situé à une dizaine de kilomètres. Un autre village marqué par une bataille, celle qui vit la naissance de la République française, en 1792. Devenue bio, la Valmy sera choisie en 2015 pour être la « petite mousse » de la Cop21, à Paris.

POUR CULTIVER ORGE ET HOUBLON DANS LE RESPECT DE LA BIODIVERSITÉ, LE DIRIGEANT DE LA FERME D'ORGEMONT A FAIT LE CHOIX DE L'AGROFORESTERIE.

AUTONOMIE ÉNERGÉTIQUE

Pas question en effet pour celui qui se définit d'abord comme un homme de la terre d'être seulement un brasseur qui réussit. S'inscrire dans la durée, exercer une agriculture responsable est pour lui une évidence. *« Pratiquée de manière industrielle, la culture de céréales et de betteraves a appauvri nos sols. Ce n'est pas durable. »* Produire en totale autonomie, bio et local, telle est la feuille de route que se fixe Jean-Bernard Guyot. Avec, comme objectif, la fabrication d'une bière à l'empreinte carbone la plus neutre possible pour l'environnement.

L'autonomie, c'est la pierre angulaire de la ferme-brasserie. Autonomie énergétique, avec l'installation de 250 m^2 de panneaux photovoltaïques ; autonomie en eau, avec le creusement d'un puits de 30 mètres de profondeur. Et autonomie en matières premières : en 2021, la ferme fournira la brasserie en orge et houblon bio, les deux plantes indispensables à la production. Pour les cultiver dans le respect de la biodiversité, le dirigeant de la ferme d'Orgemont a fait le choix de l'agro-foresterie, en plantant sur 21 hectares des merisiers, des noyers, des érables. Des fruits aussi, comme le cassis, qui fait partie du secret de fabrication.

« Avec d'autres paysans, nous avons monté en 2019 une association pour faire des émules et aussi trouver des financements », explique Jean-Bernard Guyot. Car oui, petit à petit, le monde rural change. Il faut dire que dans le monde agricole, lorsqu'on bouge un curseur, on ne voit le résultat que tardivement : on ne sème et on ne récolte en effet qu'une fois par an ! C'est le temps, sacré, de la nature. ◆

C'EST sur des terres appartenant à sa famille depuis des générations que Jean-Bernard Guyot a installé la brasserie d'Orgemont, en 2001.

Associer arbres et arbustes aux cultures ou à l'élevage pour protéger la terre, la régénérer, économiser les ressources en eau et sauvegarder la biodiversité : cette très ancienne pratique agricole participe à la mise en place d'une agriculture durable. Impliqué dans de nombreux projets d'agroforesterie, liés entre autres à la culture de la betterave sucrière depuis 2015, Clarins accompagne et soutient le programme de la ferme d'Orgemont.

CLARINS

PÉDALEZ UTILE

Des vélos d'exercice pour produire de l'énergie électrique : *Black Mirror* l'avait imaginé dès 2011, ça sera peut-être bientôt possible ! Une levée de fonds de Cyclo Power Factory est en cours sur la plateforme We Do Good.

wedogood.co/cyclo-power-factory

COLLANTS BIODÉGRADABLES

Quoi de plus périssable que des collants ? Sitôt filés, hop, direction la poubelle. La suite est mal connue mais guère réjouissante : en effet, ces sous-vêtements bourrés de polymères mettent entre 40 et 100 ans à se décomposer ! Symbole de l'obsolescence programmée avec leur recyclage impossible, les collants se vendent chaque année par milliards de paires : 130 millions rien qu'en France, alors qu'ils ne sont bien souvent portés qu'entre 3 à 6 fois par saison… Pour remédier à ce déprimant constat, la marque européenne Billi London (créée en Angleterre par deux Françaises, écoproduite en Italie) propose, non pas des collants recyclés, mais biodégradables : ils mettent moins de 5 ans à se résorber en matière organique et biogaz – créant donc au passage de l'énergie renouvelable. Leur secret ? Un nylon dont la formule a été modifiée afin d'attirer des micro-organismes dans un milieu sans dioxygène, qui viendront le grignoter jusqu'à totale disparition.

billi-london.com

ROBOT À L'HUILE DE COUDE

Fini les robots de cuisine aux mille pièces détachées en plastique : avec ce robot nommé Pino, retour aux matériaux durables (bois et acier) et… à l'énergie mécanique, grâce à sa manivelle ! Robuste, sobre et design, ce robot ménager anti-obsolescence programmée carbure à l'huile de coude plutôt qu'à l'électricité. Il a été dessiné par Manuel Immler, un étudiant allemand de l'Université de Bolzano (Italie), dans le cadre de son master. L'objectif, de sa conception jusqu'à sa construction, est de limiter la consommation de ressources, d'énergie, et d'ainsi réduire déchets et impacts environnementaux.

manuelimmlerdesign.de/pino

DIX ANS DE RECHARGE

La startup rennaise Green_e conçoit des accessoires de charge pour smartphones et tablettes afin de réduire au maximum leur impact écologique. Composés de matériaux recyclés et recyclables, ils offrent une garantie de 10 ans… mais d'ici là, vous aurez probablement changé dix fois de portable !

green-e.fr

BOOSTER DE BICLOU

Transformez votre vieux vélo en fusée avec ce kit d'électrification simple à installer, ultra-léger et silencieux ! Grâce à une application pour iPhone et Android, vous pourrez ajuster via des curseurs les limites de vitesse et de puissance pour chacun des cinq modes d'assistance.

Entre 900 € et 1 050 €. gboost.bike/fr

MONTURES CHINÉES

LunelVintage offre une seconde vie aux lunettes de soleil. Toutes les montures sont des pièces uniques vintage, auxquelles ont été ajoutés des verres nouveaux. **lunelvintage.com**

PÊCHE AUX BASKETS

Conçues à Marseille, fabriquées à Porto, les baskets Corail ne contiennent aucune matière animale : leur tissu est composé à 100 % de bouteilles en plastique repêchées dans le vieux port, puis recyclées ! **corail.co**

VOILE LACTÉ

The Extra Smile, marque de vêtements écoresponsables pour enfants, a conçu Romy, une robe à base de fibre de lait. La matière ressemble en beaucoup de points à la soie et à la laine : légère, douce et naturellement thermorégulatrice. **120 €. the-extrasmile.com**

DR

NEWS, SOLUTIONS, RENDEZ-VOUS, BONNES ADRESSES...

MARCHE **À L'OMBRE**

Un dispositif qui exploite le contraste entre la lumière et l'ombre pour produire du courant, et ainsi alimenter de petits appareils électroniques : telle est l'incroyable trouvaille présentée en avril par des scientifiques de l'Université nationale de Singapour. Swee Ching Tan et son équipe ont mis au point leur générateur d'énergie à effet d'ombre (SEG) en plaçant un revêtement ultra-fin d'or sur une plaque de silicium, un matériau utilisé sur les panneaux solaires, le tout disposé sur un film plastique souple et transparent. Selon les scientifiques, l'énergie générée dans des conditions d'éclairage intérieur serait suffisante pour alimenter une montre numérique. Mais la recherche n'en est encore qu'à ses débuts, et l'équipe scientifique a bon espoir de trouver des débouchés commerciaux à son invention. Elle pourrait notamment être utile dans des villes très densément peuplées et pleines de gratte-ciel, où les ombres sont présentes tout au long de la journée.
eng.nus.edu.sg

DESSALEZ, BUVEZ !

Un appareil léger qui rend potable deux litres d'eau salée par heure ! C'est en tout cas la promesse de Quench Sea, disponible en précommande pour moins de 55 euros sur le site de crowdfunding Indiegogo.

VESTIAIRE À LOUER

Recevez, portez, renvoyez. Voilà les trois étapes du service proposé par Frida, qui propose en somme de louer vos vêtements – pour la coquette somme de 89 euros par mois. Au bout de 30 jours, vous pouvez soit les renvoyer (sans les laver) soit les garder, à un prix préférentiel.

frida.makemylemonade.com

LABEL IDÉE

Vous cherchez des objets cohérents avec vos valeurs ? Découvrez donc ce label et son guide pratique : ils vous orienteront vers des achats responsables – pour l'instant dans le secteur de l'habillement et du linge de maison. Pour faire du bien à la planète, à l'emploi… et à soi.

labelleempreinte.fr

RE-MADE IN FRANCE

En temps normal, c'est en Chine que sont reconditionnées les cartouches d'encre. Mais le confinement et la fermeture des frontières ont poussé la start-up Printerre EA à proposer une cartouche jet d'encre au reconditionnement responsable et 100 % local. **printerre.fr**

SCOOTER **GONFLABLE**

C'est à n'en pas douter le moyen de transport de l'avenir : ce scooter électrique gonflable tient dans un sac et pèse moins de 8 kg. Grâce à la pompe électrique livrée avec le Poimo, l'usager peut lui faire prendre sa forme utilisable en un clin d'œil. Les chercheurs japonais de la société d'e-commerce Mercari, qui l'ont développé en association avec des étudiants de l'Université de Tokyo, assurent qu'il ne faut que 71 secondes pour le gonfler.

r4d.mercari.com/en

DR

LU, AIMÉ, RECOMMANDÉ PAR LA RÉDACTION

AUX ORIGINES **DU MAL**

L'irruption du Covid-19 a réveillé toute une série d'angoisses et de questions jusque-là un peu oubliées ou enfouies dans la mémoire collective : d'où viennent ces épidémies, comme le coronavirus donc, mais aussi Ebola, le paludisme ou encore le choléra, qui fut l'une des maladies les plus mortelles de l'histoire ? Comment pouvons-nous les combattre, autant sur le plan écologique que sanitaire ?

C'est à ces interrogations que répond Sonia Shah, journaliste scientifique qui collabore entre autres au *New York Times*, au *Wall Street Journal* et au *Monde diplomatique*, récompensée par de nombreux prix. *Pandémie* est un voyage dans le temps et dans l'espace sur les traces des épidémies. Des bidonvilles de New York aux marchés d'animaux sauvages de l'Asie du sud-est ou aux jungles d'Afrique centrale, il révèle la trajectoire des maladies et explique le lien fort entre pandémie et écologie, et entre maladies infectieuses et conditions de vie des populations.

La destruction des habitats naturels d'animaux sauvages est à l'origine de la transformation de nombreux microbes animaux en agents pathogènes pour nous les humains. Les premiers gèrent très bien les microbes, mais dès lors que leur habitat naturel est restreint par la déforestation massive, l'industrialisation effrénée et l'urbanisation anarchique, leurs contacts deviennent plus fréquents avec les humains… et provoquent des cocktails explosifs. La place grandissante de l'élevage industriel crée en outre des contacts répétés entre animaux d'élevage et animaux sauvages, permettant de nouvelles chaines de contamination. C'est ainsi que nous avons offert aux microbes des moyens d'arriver jusqu'au corps humain et de s'adapter. Le cas du pangolin et de la chauve-souris, agents supposés de la transmission du Covid-19, illustre ce mécanisme fatal.

Plus de 300 maladies infectieuses ont émergé ou réapparu ces dernières décennies, parfois dans des régions où elles n'avaient jamais été observées auparavant. L'immense majorité des épidémiologistes prédisaient que l'une d'entre elles causerait une pandémie désastreuse. Le coronavirus semble, hélas, leur donner raison.

***Pandémie,* par Sonia Shah,**
éd. Écosociété, 300 pages, 20 euros.
Parution le 22 octobre.

BALANCE TON ENQUÊTE

5 octobre 2017. Deux journalistes du *New York Times* publient une enquête fouillée sur Harvey Weinstein : Jodi Kantor et Megan Twohey révèlent, sur la base d'une multitude de témoignages, comment l'un des producteurs star d'Holywood se servait de son influence pour obtenir des faveurs sexuelles et agresser des dizaines de femmes du monde du cinéma. Une déflagration planétaire, et la fin d'un sentiment d'impunité. Des milliers de femmes prennent la parole. Le mouvement #MeToo est né.

***She said,* par Jodi Kantor et Megan Twohey, éd. Alisio, 400 pages, 24 euros. Parution le 29 septembre.**

ENFIN DE L'AIR !

C'est « le » livre dont on avait besoin en Covidworld. Un manifeste en – superbes – images pour illustrer les mots escapade, aventure, évasion, qui nous font tant de bien. Au fil de ses pages, passez du temps dehors, renouez avec la nature, rétablissez le lien avec le monde sauvage. Si vous n'avez jamais voyagé en couchant sous une toile, à coup sûr, ce livre vous tentera de le faire.

***Camper autour du monde,* par Luc Gesell, éd. Gallimard Voyage, 256 pages, 25 euros. Parution le 1er octobre 2020.**

LA MUSIQUE DES NOTES

Individu, service, objet, tout est aujourd'hui noté. Chauffeur Uber, modèle de voiture, restaurant. Le phénomène s'est insidieusement répandu dans tous les secteurs, privé et public, de la société. Opportune, donc, cette enquête. De TripAdvisor à Amazon, jusqu'au « crédit social » chinois, les auteurs explorent ce monde où une « bonne » étoile peut faire ou défaire une réputation, faire perdre un emploi ou pire encore. Jusqu'à quand allons-nous accepter que ces systèmes opaques et uniformisants ordonnent des pans entiers de nos vies ?

***La nouvelle guerre des étoiles,* par Vincent Coquaz et Ismaël Halissat, éd. Kero, 234 pages, 17 euros.**

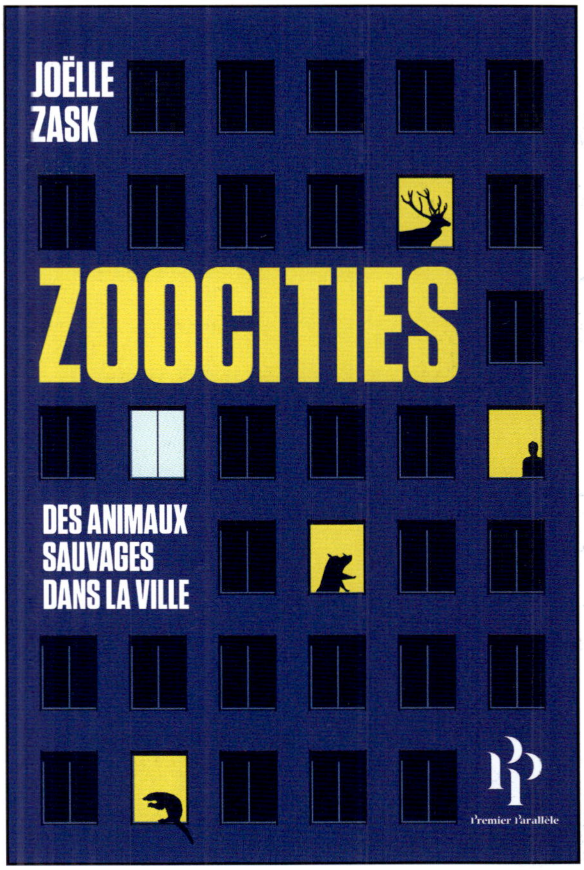

VILLES **SAUVAGES**

Quand le confinement a été imposé à la moitié de la population mondiale, de nombreuses vidéos ont circulé de façon virale, montrant des animaux sauvages investissant paisiblement les rues des villes, se substituant aux humains cloîtrés. Et si ces bêtes qu'on (re)découvrait avaient déjà été là ? Le confinement, en effet, n'a fait que révéler un phénomène qui lui préexistait. Il y a longtemps que les Londoniens, les Berlinois ou les habitants de Canberra ne portent plus attention respectivement à leurs renards, aux sangliers et aux kangourous. New York compte 600 espèces sauvages, dont des faucons à Manhattan et des phoques dans le Bronx. À Paris 1 500 espèces ont été recensées, jusqu'à des méduses dans la Seine ! Que se passerait-il si les animaux s'installaient beaucoup plus massivement dans les villes, au point de créer une nouvelle géographie urbaine ? Il faut trouver une forme d'alliance entre eux et nous, estime l'autrice, en nous libérant du faisceau de croyances dont provient l'antagonisme entre la vie humaine et la vie animale.

***Zoocities*, par Joëlle Zask, éd. Premier Parallèle, 250 pages, 19 euros.**

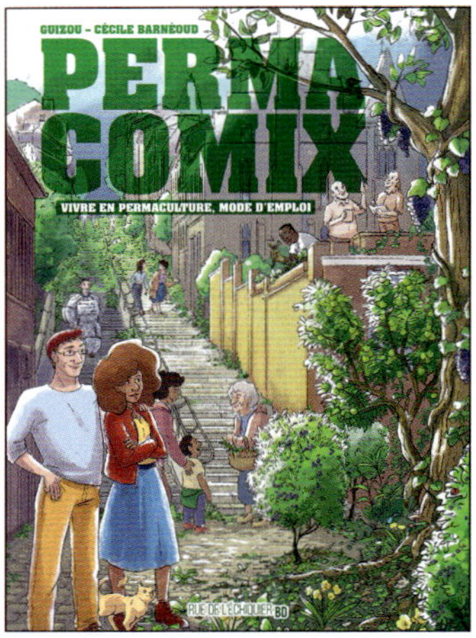

LA PERMAVENTURE

Salarié d'une grande boite, Gaëtan, trentenaire, déprime. Avec sa compagne Izia, ils font le choix d'une année sabbatique pour s'initier à une démarche de construction de lieux de vie s'inspirant des principes de la nature. Ils prennent la route à bord d'une camionnette bringuebalante pour aller à la rencontre de personnes qui les ont précédés dans l'aventure. Leur périple est raconté dans cette BD pleine d'empathie et d'humour.

***Permacomix – Vivre en permaculture, mode d'emploi,* par Cécile Barnéoud et Guizou, Rue de l'échiquier, 160 pages, 19,90 euros. Parution le 1er octobre.**

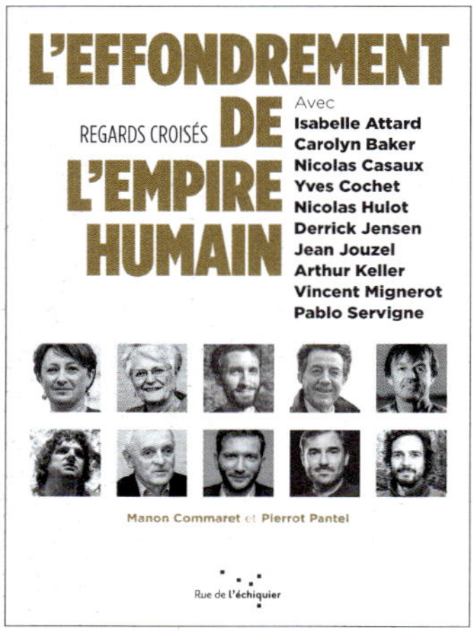

BIBLE COLLAPSOLOGUE

Selon une enquête de l'Ifop publiée en juin, 65 % des Français pensent que *« la civilisation telle que nous la connaissons va s'effondrer dans les années à venir »*. Comment vivre avec cette perspective d'un basculement de nos modes de vie, que cela passe par des catastrophes écologiques, sociales ou économiques ? C'est la question que les auteurs ont posée aux penseurs français de l'effondrement : Nicolas Hulot, Jean Jouzel, Yves Cochet ou encore Isabelle Attard.

***L'effondrement de l'empire humain – Regards croisés,* par Marion Commaret et Pierrot Pantel, Rue de l'échiquier, 248 pages, 20 euros.**

DEEEMANDEZ LES FAKE NEWS !

Un livre écrit par trois universitaires (réunis sous le pseudonyme de Roy Pinker)... accrochez-vous ! Du sérieux, du lourd, oui, mais un livre plaisant, très souvent amusant. Et d'actualité. Les *fake news* et leur viralité sont l'objet de tant d'études, d'ouvrages... Celui-là nous rappelle que nous partageons avec les générations passées un fardeau que nous imaginions consubstantiel à Internet. Des mots attribués à Confucius aux lapins du Père-Lachaise, tant de bobards ont fait une belle carrière virale avant Facebook et Twitter !

***Fake news et viralité avant Internet,* par Roy Pinker, CNRS Éditions, 232 pages, 20 euros.**

Conflits, persécutions, pauvreté, changement climatique ont provoqué ces dernières années le déplacement de plus de 70 millions de personnes. Déporté dans le Xinjiang l'année même de sa naissance, en 1957, avec sa famille (son père, le poète Ai Qing, était accusé de « droitisme »), marqué par la douloureuse expérience de l'exil en Allemagne, puis en Grande-Bretagne, l'artiste chinois Ai Weiwei s'est toujours senti étranger – et donc le frère de ces réfugiés. Comme nous devrions tous l'être. Car, tantôt victimes, tantôt responsables, nous appartenons tous au *« cosmos des réfugiés »* soutient-il. *« Le pire c'était de ne pas avoir de voix pour dire qui nous étions »*, écrit-il, lorsqu'il évoque la déportation de sa famille. Et c'est de ce manque que *« souffrent les personnes déplacées de nos jours. L'expérience est universelle »*. Ce livre se veut leur « voix ». Comme l'avait été *Human Flow*, le film qu'Ai Weiwei avait tourné dans les camps de réfugiés. L'artiste précise qu'il permet aussi de *« dire au lecteur qui je suis »*.

***Dans la peau de l'étranger*, par Ai Weiwei, Actes Sud, 64 pages, 8,90 euros. Parution le 2 septembre.**

TOUS **RÉFUGIÉS**

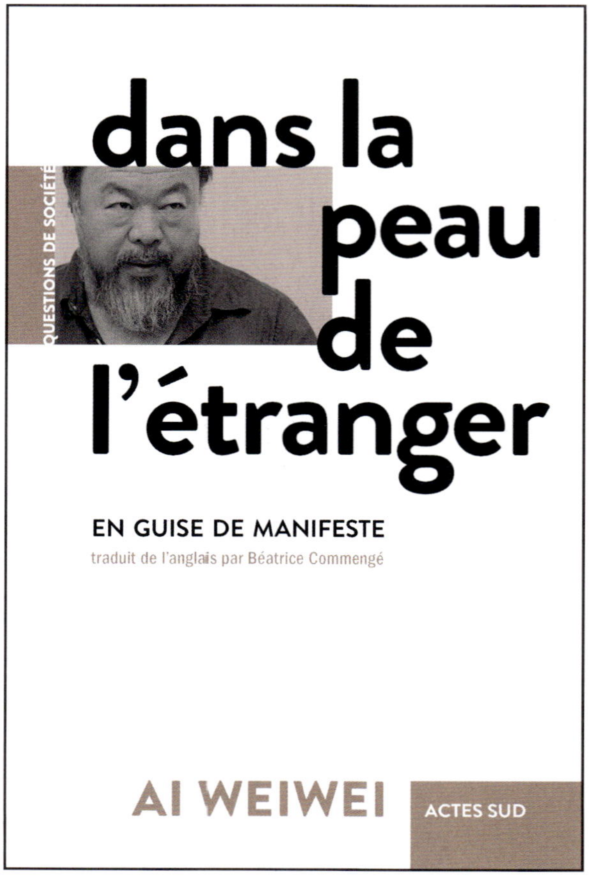

16 CONCEPTS POUR LE JARDIN ET LA MAISON DU FUTUR

DEMAIN
LA MAISON SERA...

EN PARTENARIAT AVEC LEROY MERLIN

... VÉGÉTALISÉE SOLIDAIRE ZÉRO DÉCHET BIOREGÉNÉRATIVE SAINE BACTÉRIENNE TRIBALE ENDÉMIQUE AUTOFERTILE CRÉATIVE SMART STUDIEUSE RÉNOVÉE PUNK FORESTIÈRE TOTALE

Notre logement est le cœur de notre intimité. On veut le rendre douillet pour qu'ils abritent nos secrets et les gens qu'on aime. On adore le décorer pour qu'il nous ressemble, pour qu'on puisse s'y ressourcer à l'abri des tourments du monde. Mais les choix que nous faisons pour construire, décorer, rénover nos appartements, nos maisons et pour cultiver nos jardins sont aussi complètement liés aux enjeux qui conditionnent notre avenir sur Terre. Nos logements individuels sont même un des éléments-clés de la mutation collective à accomplir. Il y aura peut-être d'autres confinements, d'autres épidémies. Nos logements doivent s'y adapter. Cela ne doit pas éclipser la crise climatique, enjeu majeur de ce siècle. Or, pour diminuer les émissions globales de CO_2, il nous faut rénover les bâtiments sur le plan énergétique : les isoler, choisir les bonnes énergies pour les chauffer… Pour favoriser la biodiversité, nous pouvons faire de nos jardins ou de nos balcons des écosystèmes luxuriants. Les déchets du secteur pèsent trop lourd ? Nous allons apprendre à les réduire et les valoriser. Notre époque est aussi celle d'un saut technologique inédit, notamment sous l'effet du numérique : nos intérieurs pourraient intégrer ces mutations. Dans ce dossier, vous trouverez des pistes pour agencer une maison qui vous ressemble, en écho avec toutes les pulsations du monde.

EMMANUELLE VIBERT

NUMÉRO SPÉCIAL « WE DEMAIN » POUR LEROY MERLIN
ÉDITEURS : François Siegel, Jean-Dominique Siegel. **PARTENARIAT :** Maïré Sue. **RÉDACTRICE EN CHEF :** Emmanuelle Vibert.
DIRECTION ARTISTIQUE : Marion Elbaum. **RESPONSABLE PHOTO :** Joël Halioua. **SECRÉTAIRE DE RÉDACTION :** François Burkard.
CHEFFE DE FABRICATION : Élodie Doré. **RÉDACTRICES :** Sofia Colla, Pauline Vallée. **EN COUVERTURE :** McBride Charles Ryan Architects

... VÉGÉTALISÉE

PRÈS DE LA MOITIÉ DES FRANÇAIS ONT VÉCU LE CONFINEMENT DANS UN LOGEMENT DÉPOURVU DE JARDIN… ET POURTANT, LA NATURE JOUE UN RÔLE-CLÉ DANS NOTRE BIEN-ÊTRE. IL EXISTE HEUREUSEMENT DES SOLUTIONS POUR EN PROFITER QUAND ON NE DISPOSE QUE D'UN BALCON OU D'UN REBORD DE FENÊTRE.

1 BALCON MARAICHER

Certaines espèces de fleurs, légumes et aromates se cultivent parfaitement en pot ou en jardinière. Les avantages sont nombreux : brise-vue, brise-vent, barrière contre les bruits de la rue, plaisir des yeux, plantes comestibles qui viendront égayer vos plats. Mieux vaut tout de même vérifier le règlement de sa copropriété avant de se lancer, afin de s'assurer du poids maximal supporté par son balcon (en général, pas plus de 350 kg par mètre carré) ou de la possibilité de suspendre des jardinières aux rambardes (toujours côté fenêtre).

Camille Freulet & Kevin Clare – BK/Apostrophy's – Alejandro Sanchez/Estudio Cavernas

2 VERDURE VERTICALE

Grâce au potager vertical, tomates-cerises et feuilles de menthe se récoltent directement depuis la cuisine.
Les plantations, réparties sur plusieurs étages afin de gagner de la place, s'épanouissent même dans les espaces les plus réduits, à condition de bénéficier d'un bon niveau d'ensoleillement. Tous les modèles existent, du plus perfectionné, avec arrosage automatique intégré, au plus simple, que l'on peut bricoler soi-même à partir de palettes en bois.

3 CULTURE PYRAMIDALE

Cette technique permet d'obtenir de bons rendements sur une petite surface. Les plantes s'y répartissent sur plusieurs étages qui rétrécissent au fur et à mesure pour former une pyramide. Là encore, il est possible de la réaliser soi-même à partir de vieux pots et boîtes de conserve. Elle est en outre facile d'entretien, puisqu'il suffit de l'arroser par le haut, sans avoir à se baisser. La menthe, le thym, mais aussi les haricots et les fraises s'accommodent très bien de ce mode de culture.

... SOLIDAIRE

MALGRÉ LA CRISE DUE À LA PANDÉMIE, LES PROJETS DE MIXITÉ SOCIALE SOUS UN MÊME TOIT CONTINUENT DE FLEURIR. AVEC DES PERSONNES ÂGÉES, DES SDF, DES RÉFUGIÉS OU ENCORE DES DÉTENUS.

À NANTES, l'association Lazare propose des colocations entre jeunes actifs et personnes ayant vécu dans la rue.

Sofia Colla

Avec la crise du Covid-19, le principe de solidarité est redevenu une valeur cardinale. Cette période hors-norme, instable, a fait jaillir de nombreuses initiatives d'entraide. Et dans le secteur du logement, comme dans bien d'autres, elles s'avèrent indispensables.

Même des entreprises comme Airbnb s'y sont mises. La plateforme de location de logements entre particuliers a lancé l'opération « Appart solidaire », en partenariat avec le ministère de la Ville. Le tourisme étant proscrit durant l'épidémie, les appartements des hôtes volontaires situés autour des hôpitaux, des Ehpad et des centres d'hébergement d'urgence étaient prêtés au personnel soignant, aux travailleurs sociaux ou aux bénévoles.

Bien avant la pandémie, des projets solidaires visant à loger des personnes dans le besoin ou à encourager une mixité sociale sous un même toit ont vu le jour. Les colocations entre séniors et étudiants sont aujourd'hui répandues et ont même fait l'objet de films, comme *L'étudiante et M. Henri* ou encore *Adopte un veuf* ! Mais, saviez-vous qu'il existe des colocations entre jeunes actifs et personnes ayant vécu dans la rue ? L'association Lazare, basée à Nantes, dispose par exemple de près d'une dizaine de maisons en France (Angers, Lille, Lyon...), mais aussi d'une à Bruxelles et d'une à Valence, en Espagne. Elles abritent des colocations, non mixtes, réunissant des jeunes actifs et des personnes ayant connu la rue. Des travailleurs sociaux accompagnent les anciens sans-abris pour les aider à retrouver une stabilité. Les associations APA (Association pour l'amitié) ou « Aux captifs, la libération » proposent les mêmes types de services.

Il existe également des colocations solidaires avec des réfugiés, qui viennent se substituer à la solution habituelle des centres d'hébergement. Cette alternative a été imaginée par l'association Caracol. Il s'agit de colocations multiculturelles temporaires dans des lieux vacants. Trois colocations sont ouvertes en France (à Perreux-sur-Marne en Île-de-France, à La Roche-sur-Yon et à Toulouse) depuis le lancement en mars 2019. Une quatrième est annoncée à Marseille.

RÉINSERTION

Éviter la rue est également une priorité pour les ex-détenus. L'organisation américaine Impact Justice a aussi lancé à l'été 2018 l'opération Homecoming Project, en Californie. Elle met en relation des propriétaires volontaires avec des détenus récemment sortis de prison. Condition pour pouvoir faire partie du programme : la garantie de louer au moins 6 mois l'espace privatif au prix de 25 dollars par jour, soit 750 dollars (environ 661 euros) mensuels. Les propriétaires reçoivent des subventions, car les prix de l'immobilier californien sont parmi les plus élevés au monde : un studio est loué, en moyenne, à 3 800 euros par mois. Les participants, quant à eux, bénéficient d'un suivi personnalisé afin de leur donner accès aux soins et de les accompagner vers l'emploi. ◆

DES COLOCATIONS AVEC DES RÉFUGIÉS PEUVENT AUSSI SE SUBSTITUER AUX CENTRES D'HÉBERGEMENT.

... ZÉRO DÉCHET

CHAQUE ANNÉE, DES MONTAGNES DE DECHETS SONT PRODUITES PAR LE SECTEUR DU BATIMENT. D'IMMENSES PROGRÈS SONT À FAIRE POUR LEUR RÉDUCTION ET LEUR VALORISATION. CES INITIATIVES MONTRENT L'EXEMPLE.

Le secteur du bâtiment a généré 42,2 millions de tonnes de déchets en 2014. C'est trois fois plus que ce que nous produisons dans nos foyers ! Plus de 90 % de cette montagne provient de travaux de démolition ou de réhabilitation. Le reste est issus des chantiers neufs.

Pour ces débris de nature variée, il existe des points de collecte partout en France. Cela va de l'amiante aux restes de peinture, en passant par les gravats, bouts de moquettes, bois de fenêtres… Un site monté par la Fédération française du bâtiment (dechets-chantier.ffbatiment.fr) recense les déchèteries du territoire en fonction du type de matériaux dont on veut se débarrasser. Mais on est très loin d'une valorisation satisfaisante dans ce secteur. En témoigne le problème récurrent des décharges illégales.

Afin de faire progresser les pratiques, la création d'une filière à responsabilité élargie des producteurs (REP) a été actée cette année pour le bâtiment : sa mise en place est prévue au 1er janvier 2022. Les filières REP, qui existent déjà pour les meubles, les ampoules ou les déchets électroniques, fonctionnent sur le principe du pollueur-payeur : les entreprises de la filière financent et organisent la gestion des déchets qu'elles génèrent. Mais certains acteurs n'ont pas attendu 2022 pour optimiser le tri et la collecte. Voici trois exemples d'initiatives vertueuses.

RECYCLO'BAT

Depuis 2013, cette recyclerie particulière propose de collecter des déchets du bâtiment à Toulouse. Bois, sanitaires, carrelages, quincaillerie, tuiles sont ensuite proposés à la vente dans un entrepôt de 300 m^2. **recyclobat.fr**

POUR FAIRE PROGRESSER LES PRATIQUES, LA CRÉATION D'UNE FILIÈRE À RESPONSABILITÉ ÉLARGIE DES PRODUCTEURS EST PRÉVUE POUR 2022.

MINÉKA

Minéka est une association fondée par des architectes de la métropole lyonnaise qui collecte les matériaux de fin de chantiers. Un service facturé aux entreprises à un coût inférieur à celui d'une benne ! Si besoin, l'asso remet en état les isolants, portes, peintures, huisseries, planches, etc. Elle les vend ensuite à ses adhérents dans un local situé à Villeurbanne.

mineka.fr

READYMADER

Cette plateforme propose des matériaux de construction d'occasion. On y trouve des petites annonces proposant des surplus de fin de chantier, comme de très beaux *zelliges* marocains, des carreaux en ciment, des papiers peints, des tuyaux en cuivre, des radiateurs en fonte… Les annonces concernent pour l'instant la région parisienne.

readymader.com ◆

L'ENTREPRISE Comelli, à Bonneuil-sur-Marne (Val-de-Marne), s'est tournée vers le recyclage de matériaux issus de la démolition.

Gilles Rolle/REA

... BIOREGÉNÉRATIVE

Et si les technologies spatiales nous aidaient à concevoir des habitats terrestres plus respectueux de l'environnement ? C'est le projet de la start-up française Interstellar Lab, qui prévoit d'ouvrir en 2021 dans le désert de Mojave, en Californie, le premier village autonome et biorégénératif. Cette station de 70 000 m², baptisée Ebios, devrait être capable de produire l'eau, la nourriture et l'énergie nécessaires pour accueillir une centaine de personnes. Les technologies employées seront inspirées de celles utilisées par la Station spatiale internationale pour son système de récupération et de recyclage des déchets.

Interstellar Lab

... SAINE

EN REMETTANT L'HYGIÈNE AU CENTRE DE NOS PRÉOCCUPATIONS, LA PANDÉMIE DE COVID-19 POURRAIT TRANSFORMER NON SEULEMENT NOS HABITUDES, MAIS AUSSI NOS INTÉRIEURS.

SOIXANTE SECONDES suffisent à cette élégante lampe, créée par le designer Frank Chou, pour désinfecter de petits objets, grâce à sa lumière ultraviolette.

Frank Chou Design

Se laver les mains et porter un masque font partie des « gestes barrières » qui aident à freiner la transmission de virus et bactéries… en public. Mais qu'en est-il de la maison ? Chaque sortie expose le domicile à une potentielle contamination, que ce soit par les vêtements, le téléphone, les sacs de course…

Pour lutter contre la propagation des germes, on peut tout d'abord couper la climatisation, qui recycle l'air sans le renouveler, ou retirer systématiquement ses chaussures avant d'entrer.

« NOUS DEVONS REDÉFINIR LE DESIGN POUR FAIRE FACE AUX DIFFÉRENTS PROBLÈMES EXPOSÉS PAR L'ÉPIDÉMIE. »

LE DESIGN À LA RESCOUSSE

Des designers imaginent aussi des meubles et accessoires « anti-Covid », qui se fondent en toute discrétion dans un intérieur. Le studio belge Materialise a ainsi mis au point, grâce à l'impression 3D, une poignée de porte actionnable avec l'avant-bras. Le système se fixe simplement sur une poignée existante. Pratique pour limiter la contagion au sein du foyer. Dans le même esprit, le studio italien DesignLibero a imaginé l'éventail Ventaglio, qui permet de séparer les différents occupants d'une même table.

Ces nouvelles préoccupations hygiéniques ont même inspiré le lancement en février 2020 du projet Create Cures par une équipe de six designers chinois (create-cures.com). Des designers du monde entier y publient leurs solutions en réponse au Covid-19. *« Nous devons redéfinir le design pour faire face aux différents problèmes exposés par l'épidémie*, appuie Frank Chou, l'un des fondateurs de Create Cures, sur son site Internet. *Non seulement pour l'épidémie actuelle, mais aussi pour les défis de santé publique les plus probables auxquels l'humanité sera confrontée à l'avenir. »*

C'est à lui que l'on doit l'une des trouvailles dont fourmille le site : une lampe de stérilisation capable de nettoyer en 60 secondes de petits objets (clés, téléphone…) grâce à la lumière ultraviolette. On y trouve aussi un accessoire de bureau qui désinfecte un clavier d'ordinateur en cinq minutes chrono. Les participants semblent avoir particulièrement pris à cœur leur facilité de prise en main, afin que même les plus petits puissent s'en emparer.

Un souci d'inclusivité qui passe à la fois par du mobilier fonctionnel, comme un escabeau à placer près du lavabo afin que les enfants puissent l'atteindre plus facilement, ou des inventions ludiques. Le gel désinfectant mis au point par Frank Chou en est un bon exemple : rose quand on le recueille dans la paume, il devient violet au bout de 30 secondes de manipulation. De quoi transformer la corvée du lavage de main en un vrai jeu d'enfant ! ◆

CES BRIQUES sont fabriquées par des êtres vivants microscopiques ! Les chercheurs mélangent des bactéries avec du sable et une solution nutritive, pour obtenir ce nouveau matériau de construction.

... BACTÉRIENNE

TRANSPIRER, CHANGER DE COULEUR, AUTOCICATRISER EN CAS DE FISSURE… LES POUVOIRS DE CES MATÉRIAUX EXPÉRIMENTAUX À BASE DE BACTÉRIES SONT VERTIGINEUX.

Les chercheurs se passionnent pour les bactéries. Ils les utilisent pour produire du carburant, du plastique, des textiles… Le secteur du bâtiment n'est pas en reste. Dans nos maisons aussi, les bactéries peuvent être utiles. Certains de ces micro-organismes peuvent produire des matériaux de construction ou de l'énergie.

En janvier 2020, des chercheurs de l'université du Colorado (États-Unis) ont présenté dans une étude des briques qui se reproduisent et consomment du CO_2 au lieu d'en émettre. Ce matériau novateur est conçu à partir de sable et d'hydrogel, mélangés à un type de cyanobactéries (des particules présentes dans l'eau dont il existe environ 2 000 espèces différentes) et disposés dans un moule. Grâce à la lumière du soleil et au CO_2 contenu dans l'air, ces organismes produisent du carbonate de calcium, qui entraine une minéralisation de l'hydrogel… et la formation d'une brique ! En outre, il serait en théorie possible de faire se reproduire ces briques en les coupant en deux et en plongeant chaque moitié dans le mélange de sable et d'hydrogel. Pour le chercheur Wil Srubar, l'un des signataires de l'étude, les possibilités qu'offrent les bactéries sont infinies : les briques de ce type pourraient changer de couleur en présence de toxines dans l'air ou bien « s'auto-guérir » en cas de fissure ou de destruction partielle.

DES CHERCHEURS ONT PRÉSENTÉ DES BRIQUES QUI SE REPRODUISENT ET CONSOMMENT DU CO_2 AU LIEU D'EN ÉMETTRE.

Toujours aux États-Unis, le Massachusetts Institute of Technology a mis au point un matériau à base de latex et de spores de bactéries qui pourrait permettre aux bâtiments de « transpirer ». Exemple : si votre salle de bains est pleine de vapeur, les « pores » des murs s'ouvrent et laissent l'air circuler.

CIMENT D'URINE

Les bactéries contenues dans nos excrétions pourraient elles aussi être une mine d'or. Trois chercheurs de l'Université du Cap, en Afrique du Sud, ont prélevé de l'urine des ions carbonates et du calcium, qu'ils ont mélangés à du sable et à des bactéries. Une réaction chimique complexe se produit alors, et la mixture se transforme en ciment ! L'urine peut aussi être recyclée pour produire de l'électricité grâce à une pile à bactéries : ce système « Pee Power » a été utilisé depuis 2017 dans des écoles, des festivals de musique ou pour recharger des téléphones.

Il existe même un centre entièrement consacré aux applications des biotechnologies dans le bâtiment, au sein de l'université de Newcastle, en Grande-Bretagne. Il réunit architectes, biologistes et ingénieurs dont l'objectif est de *« créer des maisons vivantes, sensibles à leur environnement et à leurs habitants »*. ◆

Haut : HBBE/Newcastle University – bas : Massachusetts Institute of Technology

... TRIBALE

TOUT LE MONDE N'A PAS EU LA CHANCE DE FAIRE CONNAISSANCE AVEC SES VOISINS PENDANT LE CONFINEMENT. POUR RETROUVER DU LIEN ET UNE VIE DE QUARTIER, VOICI QUATRE LIEUX D'UN NOUVEAU GENRE.

1 TINY HOUSES EN GRAPPES

Les adeptes de ces maisonnettes minimalistes et écologiques ont aujourd'hui leurs propres villages. Car la *tiny house* est plus qu'une tendance, c'est un mode de vie à part entière ! En Bretagne, le premier village de *tiny houses* français, baptisé Ty Village, a ouvert ses portes en septembre 2019, à Saint-Brieuc. De tels rassemblements sont plus communs aux États-Unis, on en trouve notamment en Caroline du Nord, en Floride, dans le parc de Yosemite (Californie), ou encore dans le Colorado.

2 MAISONS IMPRIMÉES

L'impression 3D, qui permet de bâtir rapidement et sans produire de déchets, peut aujourd'hui réaliser tout un village. Un projet pionnier est en cours de construction à Tabasco, au Mexique, et devrait accueillir une cinquantaine de maisons destinées à des familles en difficulté. Imprimée en 24 heures environ, chaque habitation fait 46 m², compte deux chambres à coucher et une salle de bains. Avec leurs murs en terre, ces élégants chalets bénéficieront en outre d'une excellente isolation naturelle !

3 VILLAGE 3e ÂGE

Passer ses vieux jours dans un lieu conçu pour les séniors et adapté même aux personnes atteintes d'Alzheimer… À Dax, un village de ce type a accueilli ses premiers habitants en juin. Il s'agit d'une première en France. Doté d'une supérette, d'un salon de coiffure ou encore d'un restaurant, il devrait accueillir à terme 120 habitants. Le dispositif a déjà fait ses preuves aux Pays-Bas, où le village pionnier de Hogeweyk a vu le jour dès 2009.

4 QUARTIER OFFSHORE

Plus écolo que les iles artificielles, les quartiers flottants peuvent être aménagés sur l'eau sans modifier profondément le paysage. En plus d'offrir un cadre de vie agréable, ils apparaissent comme une solution pour faire face à la montée des eaux, qui devrait toucher plus de 800 millions de personnes d'ici 2030. Inspiré de l'architecture maya, le designer italien Pierpaolo Lazzarini a ainsi imaginé en 2018 une ville flottante autosuffisante baptisée Waya.

Haut : Yves Béhar/Fuseproject – milieu : Hogeweyk – bas gauche : 18h39 – bas droite : Pierpaolo Lazzarini

Shutterstock

… ENDÉMIQUE

CHOISIR DES PLANTES LOCALES ADAPTÉES À VOTRE SOL ET À VOTRE CLIMAT, C'EST CRÉER UN JARDIN RÉSISTANT AUX ALÉAS DE LA MÉTÉO COMME AUX MALADIES, ET QUI PARTICIPE À RENFORCER LA BIODIVERSITÉ.

Céder à la mode des oliviers quand on habite dans le nord de la France ? C'est prendre le risque de les voir dépérir au premier hiver rigoureux ou humide. Succomber au charme des plantes tropicales quand on réside dans le Sud, fréquemment soumis aux sècheresses ? C'est se condamner à gaspiller beaucoup d'eau. Autant choisir des végétaux que les éléments de votre territoire – le sol, le climat, les insectes – vont aider à faire pousser en beauté.

Pour les choisir, on peut observer les alentours, détecter les variétés les plus épanouies, se lancer dans le bouturage, le ramassage de rejetons d'arbres… On peut enquêter auprès des associations du coin. L'Agence régionale de la biodiversité en Île-de-France conseille par exemple aux Franciliens de jeter leur dévolu sur les plantes grimpantes suivantes, qui s'agrippent aux arbres dans la nature : chèvrefeuille des bois, clématite, églantier, houblon…

LABEL « VÉGÉTAL LOCAL ».
On peut aussi faire confiance à son pépiniériste. Une cinquantaine d'entre eux en France est engagée dans un label baptisé « Végétal local ». Cette marque garantit que les semences ou les plants ont été récoltés en milieu naturel, puis produits dans le territoire (onze régions ont été définies sur l'Hexagone). Cette démarche est un véritable acte de résistance aux méthodes de production conventionnelle des plantes, qui appauvrissent leur diversité. Dans un système majoritairement très standardisé, on produit des graines à partir d'un même pied mère, ce qui ne favorise pas la diversité génétique. Ces végétaux en voie d'uniformisation résistent beaucoup moins bien aux perturbations, telles que les changements climatiques ou les agents pathogènes.

Prenez l'achillée millefeuille. Cette herbacée aux petites fleurs blanches pousse naturellement en France. Celle qu'on vend chez nous est pourtant produite… en Nouvelle-Zélande ! C'est la même espèce, mais ses gènes n'ont pas développé de résistance aux maladies, aux parasites d'ici. Et sa période de floraison est décalée, ce qui réduit ses chances de rencontrer les pollinisateurs locaux, qui eux, ont une horloge calée sur la floraison de l'achillée sauvage.

Le pépiniériste Graine de bocage, dans le Morbihan, fait partie de ceux dont l'offre est labellisée « Végétal local ». Il récolte des graines, sur des boisements anciens et préservés. Il les développe ensuite sur des terres certifiées bio. Il garantit ainsi que ses plants d'églantier, d'ajonc d'Europe ou de merisier seront aussi solides que beaux, une fois dans vos jardins. Et qu'ils participeront ainsi à en enrichir la biodiversité. ◆

UNE CINQUANTAINE DE PÉPINIÉRISTES EN FRANCE SONT ENGAGÉS DANS UN LABEL BAPTISÉ « VÉGÉTAL LOCAL ».

... AUTOFERTILE

LA PERMACULTURE CONSISTE À CRÉER DES ÉCOSYSTÈMES POUR LES RENDRE AUTOFERTILES OU PRESQUE ! VOICI TROIS TECHNIQUES À EXPERIMENTER POUR ATTEINDRE CET ÉQUILIBRE PRODUCTIF DANS SON JARDIN.

1 CULTURE SUR BUTTE

La Hügelkultur est une forme de culture en butte popularisée par l'Autrichien Sepp Holzer dès les années 1960. Elle permet de combiner la culture potagère à celle d'arbustes fruitiers à baies. On commence par empiler du bois, pour former un monticule de coupe triangulaire. Puis on le recouvre de terre et d'herbe, de manière à avoir un substrat naturellement fertilisé grâce à la décomposition lente des matières organiques. Cette méthode permet de ne pas se fatiguer le dos, puisqu'on récolte les légumes et les fruits en hauteur. Elle promet par ailleurs de produire sans entretien, ou presque, pendant dix, voire ving ans.

2 SPIRALE AROMATIQUE

Regrouper ses herbes aromatiques en un même lieu n'est pas forcément une bonne idée. Certaines réclament de l'ombre, d'autres de la chaleur. Elles n'ont pas toutes les mêmes besoins en eau. La spirale aromatique permet de résoudre cette équation. On construit une spirale, en brique par exemple, qui s'élève jusqu'au centre. On remplit cet escargot de terre. Des microclimats apparaissent ainsi. Au sommet, chaud et sec, on installe les plantes méditerranéennes (thym, romarin...). Au nord ombragé, on sème le persil et la ciboulette. La partie basse, exposée sud-ouest, est réservée à l'estragon ou au basilic.

3 JARDIN EN TROU DE SERRURE

Conçu à l'origine pour les climats africains arides, le jardin en « trou de serrure » peut s'adapter à nos contrées. Il s'agit d'une butte ronde qui laisse un passage jusqu'à son centre. Le cœur du cercle est un composteur qui recueille des détritus végétaux. Les nutriments ainsi créés au fil du temps circulent directement dans le terreau du cercle où vont pousser les légumes. Et les vers de terre du compost en font de même ! Par ailleurs, pour capter l'humidité de la rosée du matin et la diffuser dans la butte, on plante des cheminées d'humidification, fabriquées avec des branches. Seulement si on habite dans une région sèche, bien sûr.

Haut : Pacommunitygardens.org – milieu : Shutterstock – bas : Clem Rutter

... CRÉATIVE

ORIGAMI. Cette maison de bord de mer a été conçue à Melbourne par le cabinet d'architecture australien McBride Charles Ryan. Elle ressemble à un origami et s'inspire de la bouteille de Klein, cette figure géométrique dont le dedans et le dehors se confondent.

SOUTERRAINE. Cette maison bunker, créée par le cabinet d'architecture ukrainien Sergueï Makhno, a beau être souterraine, elle fait la part belle au végétal.

MIROIR. Agrandir le jardin à l'infini ou presque, sans lui ajouter un mètre carré ? Facile, il suffit d'installer un miroir géant. C'est ce qu'a fait le cabinet Delavegacanolasso, dans cette bucolique maison de Madrid.

Page de gauche : McBride Charles Ryan – Page de droite : Sergey Makhno Architects – Delavegacanolasso

PAVILLON. Le cabinet d'architecture barcelonais OAB a construit ce pavillon de 1 500 m² en Catalogne. Sa forme est inspirée des origamis. Il est composé de trois maisons individuelles et d'un large espace de loisirs.

POLYVALENTE. Alimentée par des panneaux solaires, cette cabine en bois créée par une société estonienne se convertit en mini-maison en forêt ou en sauna au fond du jardin, c'est selon.

Carlos Ferrater – Karg – Next Office/Alireza Tagaboni

PIVOTANT. Le cabinet iranien Next Office a conçu cette maison à Téhéran. Ses pièces pivotent de 90°, pour tour à tour s'ouvrir sur l'extérieur ou protéger ses habitants de la chaleur et des regards.

... SMART

L'ÉLECTRONIQUE ENVAHIT AUSSI LE JARDIN, AVEC DES OUTILS CONNECTÉS QUI PERMETTENT DE CONTRÔLER SA CONSOMMATION D'EAU. SÉLECTION POUR LES JARDINIERS GEEKS.

1 VER DE TERRE CONNECTÉ

On plante ses deux capteurs dans la terre d'un pot de fleur et on laisse dépasser sa tête blanche. Avec sa quinzaine de centimètres de long et ses quelque cinquante grammes, le « testeur de sol » de Xiaomi (environ 20 euros) peut désormais envoyer sur votre téléphone des nouvelles de vos plantes : l'humidité du sol, la qualité de la lumière qu'elle reçoit, la température… Et vous donner des conseils en fonction de ces infos. **mi.com**

2 UN JARDINIER DANS L'APPLI

Ortusia, c'est un peu comme avoir un jardinier pro dans son téléphone pour vous accompagner pas à pas. La start-up a été créée par trois frères bretons, dont un paysagiste et deux ingénieurs.
Ils proposent des kits potagers pour les nuls (comptez 27,90 euros pour 5 enveloppes de graines, 16 pastilles de coco et 2 blocs de coco pour les semis) et une appli, pour vous guider à chaque étape et vous apprendre les rudiments du jardinage bio. **ortusia.fr**

3 POTAGER URBAIN EN KIT

La jeune société lilloise Agrove conçoit des solutions pour les jardiniers urbains. Dans un de leurs kits, on trouve deux bacs de culture et un réservoir de 30 litres avec système d'irrigation goutte-à-goutte. Des capteurs analysent le microclimat de votre balcon. Une appli vous propose ensuite une sélection d'espèces adaptées, puis vous guide pour les semis, l'entretien, la récolte et même la cuisine de vos légumes urbains. **agrove.fr**

Haut gauche : Xiaomi – bas gauche : Ortusia – droite : Agrove

... STUDIEUSE

POUR TRAVAILLER CHEZ SOI, DES CONDITIONS SEREINES ET UN BON COIN BUREAU SONT INDISPENSABLES. PAS FACILE DANS LES ESPACES RESTREINTS ? LES DESIGNERS NOUS PROPOSENT DES SOLUTIONS.

CE BUREAU nomade conçu par Joliburo se transforme en sac à dos et s'installe partout, pour travailler assis ou même debout.

Pendant le confinement, 39 % des salariés du secteur privé ont été contraints au télétravail. Depuis, entreprises et salariés réfléchissent aux manières de prolonger l'expérience, au-delà de la crise du Covid-19. Or, 43 % de ces télétravailleurs du printemps ne disposaient pas d'un espace adapté (selon une étude de Malakoff Humanis parue en mai 2020). Voici quelques pistes des créateurs de mobiliers pour améliorer leur sort.

ABRI DE JARDIN

Quand on vous dit abri de jardin, vous pensez à une cabane en bois où l'on range les outils ? Pourtant, on trouve aujourd'hui des abris aux lignes épurées qui peuvent servir de véritable pièce supplémentaire : chambre d'appoint, salle de jeu ou… bureau ! La société Greenkub en a fait sa spécialité. Comme son nom l'indique, elle propose des « cubes » proposant de 11 à 30 m² supplémentaires. Pas de permis de construire nécessaire, mais une simple déclaration préalable à la mairie si la cabane fait moins de 20 m². Les Greenkub sont préfabriqués en peuplier ou pin douglas.

43 % DES TÉLÉTRAVAILLEURS NE DISPOSENT PAS D'UN ESPACE ADAPTÉ.

DANS MA BULLE

Le bureau baptisé Rewrite, édité par Ligne Roset, est une simple table en bois, du noyer. Mais elle est surmontée d'une sorte de bulle blanche (un quart de sphère), ce qui la transforme en cocon. La bulle, en fibre de verre, gainée d'une mousse en polyester et tapissée de laine, protège du bruit comme de la lumière.

SECRÉTAIRE MURAL

Quand l'espace vient vraiment à manquer, on peut opter pour un secrétaire mural. Celui de Hartô Design, nommé Gaston, est doté de tiroirs et d'une tablette rabatable. Une fois fermé, après le boulot, il ressemble à un joli et étroit placard. BcConcept propose aussi sa version de bureau mural, aux lignes épurées. Quand on ouvre le plateau du Cupertino, on découvre une étagère et des rangements pour camoufler les câbles d'un ordinateur.

UN BUREAU SUR LE DOS

Ceux qui n'ont pas d'espace du tout peuvent opter pour un bureau nomade. Joliburo en a conçu un qui se pose sur n'importe quelle table et se transforme en sac à dos pour qu'on puisse l'emporter partout. Il est doté de deux plateaux, dont la hauteur varie. On peut travailler assis, mais l'idée, c'est de se lever de temps à autre, tout en tapotant sur son ordinateur, pour améliorer sa posture et faire du bien à son dos. Le Joliburo est fabriqué en Bourgogne, avec des artisans locaux. ◆

Joliburo

… RÉNOVÉE

C'EST LE CHANTIER PRIORITAIRE DES ANNÉES À VENIR : RÉNOVER NOS INTÉRIEURS EST UNE DES MESURES LES PLUS EFFICACES POUR LIMITER LES ÉMISSIONS DE GAZ À EFFET DE SERRE. COMMENT ÉVITER LES FUITES DE CHALEUR CHEZ VOUS ? ON FAIT LE TOUR DE CE DOSSIER, EN CINQ QUESTIONS.

1. POURQUOI FAUT-IL ACCÉLÉRER LA RÉNOVATION THERMIQUE ?

Avec 44 % de l'énergie consommée en France, le secteur du bâtiment est le premier émetteur de gaz à effet de serre du pays, loin devant les transports (31,3 %). La rénovation énergétique de nos maisons, bureaux, immeubles en tous genre, est donc un moyen extrêmement efficace de contribuer à la lutte contre la crise climatique. Depuis le Grenelle de l'environnement, en 2007, les différents gouvernements présentent des plans de rénovation. Mais aucun d'eux n'est assez ambitieux. *« D'ici 2050, il faut rénover 21,5 millions de logements au niveau du label "Bâtiment basse consommation", soit 700 000 par an, alors que les pouvoirs publics n'envisagent que 540 000 rénovations par an entre 2020 et 2030, et en réalisent beaucoup moins »*, écrivaient en juin trois spécialistes du sujet, Édouard Bouin (d'Agir pour le Climat), Nicolas Dufrêne (Institut Rousseau) et Olivier Sidler (porte-parole de l'association négaWatt), dans une tribune publiée dans *Le Monde*.

2. QUELS SONT LES EFFETS SECONDAIRES ?

Les « passoires énergétiques » ne sont pas seulement un problème pour le climat : ils aggravent aussi les situations de pauvreté. L'Observatoire national de la précarité énergétique indique que 11,6 % des Français ont dépensé plus de 8 % de leurs revenus pour payer leur facture énergétique. Or les ménages en question sont parmi les plus modestes. Accélérer la rénovation conduirait à ramener un minimum de salubrité dans leurs logements. D'autres bénéfices sont à prévoir, comme la création d'emplois pérennes et non délocalisables.

3. QUE PROPOSE LA CONVENTION CITOYENNE POUR LE CLIMAT ?

Dans son rapport final remis le 21 juin 2020, la Convention citoyenne pour le climat suggère de diviser par deux les émissions de gaz à effet de serre issues du bâtiment d'ici 2040. Les 150 citoyens tirés au sort ne veulent plus des mesures parcellaires en cours : *« Notre ambition est de passer d'une rénovation par petits*

Thomas Trutschel/Getty Images

gestes et à petits pas, à une rénovation globale (toit, isolation, fenêtre, chauffage et VMC), en multipliant par trois le rythme des rénovations dans un souci de justice sociale. Cela représente environ 20 millions de logements à rénover de façon globale, dont environ 5 millions de passoires thermiques, des bâtiments tertiaires et publics d'ici à 2030.» Pour y parvenir, la Convention propose notamment de rendre obligatoire cette rénovation énergétique globale, de forcer le changement des chaudières au fioul et à charbon d'ici à 2030 et de déployer un système progressif d'aides à la rénovation, avec prêts et subventions pour les plus démunis.

LA CONVENTION CITOYENNE POUR LE CLIMAT VEUT PASSER D'UNE RÉNOVATION PAR PETITS PAS À UNE RÉNOVATION GLOBALE.

4. COMBIEN ÇA VA COÛTER ?

L'Institut de l'économie pour le climat (I4CE), un think tank sur l'économie de la transition énergétique, a chiffré les propositions de la Convention citoyenne. Sa conclusion ? *« En supposant un taux d'aide de 80 % pour les travaux des ménages modestes et de l'ordre 30 % pour le reste des ménages, 8,5 milliards par an seraient mobilisés pour rénover 700 000 passoires thermiques chaque année sur la période 2021-2030 Pour les bâtiments énergivores, les besoins seraient de l'ordre de 7 milliards par an, soit 570 000 rénovation supplémentaire chaque année de 2021 à 2040. D'où une augmentation totale de 11 milliards d'aides financières par an, à ajouter aux 4 milliards d'aides annuelles actuelles pour l'ensemble du parc. »*

5. À QUI S'ADRESSER AUJOURD'HUI ?

Le dernier dispositif en date, lancé le 1er janvier 2020 par le ministère de la transition écologique et solidaire, s'appelle MaPrimeRénov. Il vous sera accordé en fonction de vos revenus et selon le gain écologique des travaux.

Mais comment savoir si vous avez aussi droit à un crédit d'impôt, un prêt à taux zéro, une aide de vos collectivités locales, voire un « chèque énergie » ? Et comment décider s'il vaut mieux une chaudière à bois ou un chauffe-eau solaire, s'il est plus urgent de changer les fenêtres ou d'installer une ventilation ? Le dispositif public chargé de vous aider à démêler tout ça s'appelle FAIRE (faire.gouv.fr). Les services de ses conseillers, présents sur tout le territoire, sont gratuits et indépendants. Ils réalisent un bilan de votre consommation, identifient les aides financières auxquelles vous avez droit et vous orientent vers les artisans RGE (reconnu garant de l'environnement), une certification accordée par l'ADEME à des professionnels engagés dans une démarche de qualité. ◆

Paul Hackett/Reuters

... PUNK

POUR LE PAYSAGISTE ÉRIC LENOIR, PAS BESOIN DE GAZON IMPECCABLEMENT TONDU POUR OBTENIR UN BEAU JARDIN. L'ESSENTIEL EST DE LAISSER DU TEMPS AU TEMPS, D'OBSERVER… ET DE S'ÉMANCIPER DES RÈGLES !

Éric Lenoir est paysagiste et pépiniériste, formé à l'École du Breuil, à Paris. En aménageant son propre jardin, baptisé Le Flérial, dans l'Yonne, ou en travaillant pour ses clients, il a développé sa propre philosophie du jardinage. Il la raconte dans le *Petit traité du jardin punk* (éd. Terre Vivante, 2018, , 96 pages, 10 euros), un livre dans lequel il invite chacun à s'émanciper des règles traditionnelles du jardinage pour créer des espaces plus libres, plus sauvages.

C'EST QUOI, UN JARDIN PUNK ?

C'est un jardin pas cher, facile et rapide à faire. Il est aussi facile et pas cher à entretenir et autonome, dans la mesure du possible. Et encore : résistant aux agressions, non nuisible, écologiquement intéressant et plus beau que l'existant.

ET EN PRATIQUE, ON FAIT COMMENT ?

Le conseil de base, c'est de ne pas agir sans prendre le temps de réfléchir. Il faut oser faire différemment de ce que l'on fait depuis des lustres sans que ce soit justifié. Pourquoi avoir une allée uniforme de thuyas, un gazon tondu impeccablement ? On peut observer, avant de faire quoi que ce soit, ce qu'il se passe sur une saison, ou, mieux, sur une année. On va alors découvrir les plantes sauvages qui poussent spontanément, tous les végétaux déjà présents et qu'on aura envie de conserver. On va voir quels arbres résistent sans arrosage, ceux qui ont un feuillage intéressant en été et qu'on aurait été tenté d'arracher en hiver… On peut commencer ensuite par éliminer seulement ce qui gêne et uniquement si nécessaire. Chaque acte consistant à détruire, couper ou taillader des végétaux doit être justifié et non pas reproduit parce que les autres le font sans savoir pourquoi.

L'USAGE QUE VOUS PRÔNEZ DE LA TONDEUSE EST EMBLÉMATIQUE...

Avec la tondeuse, souvent, on rase tout. Alors qu'on peut tondre seulement là où c'est utile. Et tondre partiellement s'avère aussi ludique qu'esthétique. On va tracer un chemin – sinueux, pourquoi pas ? – là où on aime se promener, pour éviter d'avoir les pieds mouillés, dessiner une allée qui entraine les visiteurs vers un coin qu'on veut leur faire découvrir ou auquel on a besoin d'accéder. Si on aime poser une table sur la pelouse, toujours au même endroit, on peut tondre cette zone. Si on a des enfants qui aiment jouer au ballon, on va dégager 50 m^2 pour eux. Ce type de tonte est mille fois plus vivant. Ça crée des cachettes pour les enfants, un paysage bucolique qui laisse sa place à des fleurs inhabituelles. Ça donne aussi l'impression que l'espace est plus grand.

UN JARDIN PUNK, CE N'EST DONC PAS FORCÉMENT LE GRAND DÉSORDRE ?

Ce n'est pas du tout obligatoire. Il y a des jardins punk super ordonnés ou apprêtés. Chacun va y mettre de sa personnalité. Mais le but reste de s'effacer le plus possible pour respecter la biodiversité et ses équilibres.

Y A-T-IL UNE PLANTE QUI INCARNE EN PARTICULIER L'ESPRIT PUNK ?

Une seule plante, non ! Car la bonne plante punk est celle qui pousse bien à l'endroit que vous avez choisi pour elle, qui ne vous empêche pas d'avoir ce dont vous avez besoin – du soleil, de l'ombre, une vue – et qui va au contraire vous offrir beaucoup. J'ai par exemple dans mon jardin de splendides cerisiers aigres. Ils viennent de rejetons que j'ai récupérés avec quelques racines, au beau milieu d'un chemin sec. Je les ai plantés sur une parcelle humide. Je ne m'en suis jamais occupé, et chaque année, ces arbres sont couverts de fleurs et de fruits. Cette plante ne demande aucun entretien, elle n'est jamais malade, elle ne coute rien. Son impact écologique est génial puisqu'on partage leurs fruits avec les oiseaux et que ma ruche à côté profite de la floraison. Elle est super punk ! ◆

« CHAQUE ACTE CONSISTANT À DÉTRUIRE, COUPER OU TAILLADER DES VÉGÉTAUX DOIT ÊTRE JUSTIFIÉ. »

Page de gauche : Isabelle Cordier/Le Lien Horticole. Page de droite, haut gauche, milieu gauche et bas droite : TF1 – haut droite et milieu droite : Franck Nathié – bas gauche : Irène Kightley et Fabrice Funerot/La Ferme de Sourrou

... FORESTIÈRE

Élément-phare de la permaculture, la forêt comestible ou jardin-forêt est un espace conçu pour produire une grande quantité d'aliments et de matières premières organiques. Sa structure, constituée de sept strates différentes (arbres fruitiers, arbustes, céréales, légumes, plantes aromatiques...) reproduit celle d'une forêt naturelle. Une fois arrivé à maturité, un système d'un demi-hectare peut nourrir une dizaine de personnes à l'année tout en ne demandant qu'un minimum d'entretien. Le jardin-forêt joue en outre le rôle de réservoir de biodiversité et de régulateur de température en cas de fortes chaleurs.

… TOTALE

« C'EST UN BEAU DÉFI, CETTE POSSIBILITÉ DE RÉPARER LA VILLE »

POUR L'ARCHITECTE ET URBANISTE CHRISTINE LECONTE, LE CONFINEMENT A PERMIS À TOUT UN CHACUN DE REPENSER SA RELATION AU LOGEMENT. AUJOURD'HUI, LES PRINCIPAUX DÉFIS SONT DE RETROUVER DE LA PLACE ET DE LA VIE EN COMMUN, TOUT EN METTANT UN TERME À L'ÉTALEMENT URBAIN.

Nos logements étaient déjà de précieux cocons. Avec le confinement, ils ont abrité tous les aspects de nos vies. Comment les préparer aux défis à venir ? Réponses avec l'architecte et urbaniste Christine Leconte. Cette lauréate du palmarès des jeunes urbanistes 2010 préside aujourd'hui l'ordre des architectes d'Ile-de-France, qui regroupe 10 000 professionnels, soit 30 % de ceux installés en France.

PENDANT LES PRESQUE DEUX MOIS DE CONFINEMENT, NOUS AVONS TOUT FAIT CHEZ NOUS : TRAVAIL, ÉCOLE, SPORT… COMMENT CETTE PÉRIODE A-T-ELLE REDÉFINI NOS BESOINS EN TERMES D'HABITAT ?

La leçon principale, c'est que nous avons besoin de place en plus dans nos logements collectifs. Les spécialistes disent qu'il faut entre 28 et 33 m² par personne dans un logement. Or c'est loin d'être le cas partout, notamment en Île-de-France. Il ne faut pas forcément beaucoup de place supplémentaire, mais des espaces adaptables, qui peuvent répondre à plusieurs usages, dormir et travailler par exemple.

Le confinement a souligné par ailleurs notre besoin de logements reliés à l'extérieur, que ce soit un parc adjacent, un jardin, une terrasse, un balcon… On s'est rendu compte aussi de l'importance de l'orientation des pièces pour la lumière : profiter à l'intérieur, de la lumière du jour est une vraie demande. La taille des fenêtres compte beaucoup.

Enfin, il y a eu un retour à la cuisine. Beaucoup de gens ont passé plus de temps à préparer des repas. Et cela

Anne-Claire Héraud

implique d'avoir une vraie cuisine, et pas simplement un bout de kitchenette au fond de son séjour.

À QUOI FAUT-IL ÊTRE ATTENTIF POUR CRÉER CES PIÈCES MULTIFONCTIONS ?

Pour les maisons, ce n'est pas difficile. Elles font souvent plus de 80 m², ont un jardin pour la plupart. C'est une surface qui devient suffisante pour aménager les pièces pour une famille. Ça devient compliqué dans le logement collectif, là où il n'y a pas de balcon ou de terrasse. On a notamment énormément diminué les dimensions des chambres. Dans la construction neuve, nous avons perdu en moyenne 10 m² par appartement en dix ans. Or, si une chambre est trop étroite, on n'a pas la possibilité d'y ajouter le bureau qui serait nécessaire pour que l'enfant ou le parent puisse travailler tranquillement. On doit désormais éviter des pièces trop étroites. Et accorder une grande importance à l'emplacement des fenêtres et des portes. Si vous ne pouvez pas ouvrir la fenêtre, ou qu'à moitié, à cause des meubles, si elle est sur le seul mur où vous auriez pu placer le bureau et que ça devient impossible de le faire, ça ne fonctionne pas.

> **« LE DÉFI POUR NOUS, ARCHITECTES, C'EST SURTOUT D'ACCOMPAGNER LA TRANSFORMATION DE L'ANCIEN. »**

CES NOUVELLES EXIGENCES SONT-ELLES COMPATIBLES AVEC L'ÉCONOMIE ACTUELLE DU LOGEMENT ?

L'économie du logement neuf est au bout du bout, notamment sur le plan des usages. Soit vous achetez votre maison sur catalogue, et elle est une sorte de prêt-à-porter qui peut être très compliqué à adapter. Soit vous êtes dans du logement collectif, ce qui est le cas pour une majorité d'habitants. Et là, vous vous retrouvez avec des logements devenus des produits économiques. C'est-à-dire qu'ils n'ont pas été conçus pour répondre aux besoins des gens, mais pour ne pas dépasser un certain prix, au-dessus duquel ils ne trouveraient pas preneurs.

Conséquence ? Prenons le cas de la cuisine. Il est flagrant. Il y a quinze ans, dans les logements que nous dessinions, on avait souvent une sorte de cuisine américaine, que l'on pouvait choisir de fermer pour en faire une pièce à part, avec une table où l'on pouvait manger. Aujourd'hui, la cuisine est en fond du séjour, en second jour, sans ouverture, ou alors elle est toute petite. Parfois, la porte d'entrée ouvre directement dans la cuisine. Elle est devenue trop petite pour y prendre le petit-déjeuner le matin, par exemple.

COMMENT RÉSOUDRE CETTE ÉQUATION ?

Se réapproprier son logement, c'est vital aujourd'hui. C'est ce qui crée notre protection, qui nous permet d'être bien dans notre intimité, et ensuite d'être bien dans la ville. Le logement neuf actuel a du mal à répondre à cela. Mais ce n'est qu'une petite partie du parc du logement à venir. Le défi pour nous, architectes, c'est surtout d'accompagner la transformation de l'ancien, d'explorer son potentiel.

Il y a un levier possible grâce à l'investissement dans la transition énergétique. Puisqu'il faut isoler les logements, on peut faire coup double et en profiter pour introduire d'autres modifications. On peut imaginer par exemple qu'une isolation thermique par l'extérieur, sur la façade, se fasse en ajoutant des balcons, une pièce en plus ou une extension sur le toit. On peut aussi ajouter un local à vélo ou une pièce pour une laverie au sous-sol, qui ferait gagner de la place dans les logements…

ET LE DÉMÉNAGEMENT À LA CAMPAGNE QUI TENTE AUJOURD'HUI DES CITADINS, EST-CE UNE TENDANCE LOURDE ?

Les citadins que vous évoquez ont un appétit de nature, ils veulent de l'espace et un jardin. Si leur exode a pour conséquence de renforcer la population des zones périurbaines, dans les petites villes, on va aggraver un problème écologique phare. Car l'étalement urbain entraine l'artificialisation des sols, qui progresse au rythme dramatique de la surface d'un département tous les sept ou dix ans, selon les estimations. Cela provoque une perte de biodiversité, des problèmes d'inondations et accroit l'usage de la voiture… Ce qui par ailleurs entraine des dépenses publiques pour entretenir les routes nécessaires à cet étalement.

La solution, pour répondre à ce désir de quitter les métropoles, c'est de considérer sous un nouveau jour les cœurs des villes petites et moyennes. Ils sont désertés, parce qu'on y trouve peu d'emplois et que les gens attirés par ces zones veulent une maison avec un jardin. Ils s'installent donc à la périphérie. Ces centres-villes anciens sont pourtant extrêmement jolis, ce sont ceux que l'on visite quand on se promène en France, et pas les lotissements qui les entourent… Ils ont un potentiel fantastique. On peut rendre désirables ces logements, souvent dégradés : retirer un bâtiment ici pour dégager un jardin, faire sauter un mur pour créer un salon plus grand – les pièces étant en général petites dans ces bâtiments anciens.

Le grand défi aujourd'hui, c'est de fabriquer le cadre de vie des habitants de demain, à partir de celui des habitants d'hier. C'est un beau défi, cette possibilité de réparer la ville. On peut trouver le moyen de satisfaire les aspirations individuelles, sans participer à la désorganisation de l'aménagement.

LES SOLIDARITÉS ENTRE VOISINS SONT DEVENUES PLUS IMPORTANTES PENDANT LA CRISE. ET SI CELA CHANGEAIT NOTRE FAÇON D'HABITER ET DE CONSTRUIRE ?

Ce serait une bonne nouvelle ! Pour plusieurs raisons. La première, c'est qu'on a énormément mis l'accent, depuis des

LES MURS de cette maison, créée près de Lyon par Gallet Architectes, sont remplis de paille, un matériau aussi local qu'écolo.

années, sur les logements de lotissement. Chacun sur sa parcelle avec tout ce dont il a besoin, chacun son trampoline, sa balançoire… Il s'agit d'un modèle individualiste. On ne peut pas reprocher à quiconque d'avoir envie de ça, mais ça n'est pas viable à terme pour tous.

Or, en mutualisant les usages, on recrée du lien social : regardez à l'usage ce que peuvent être les atouts d'un parc urbain à proximité de chez soi. Cela devient aussi « le » jardin de notre logement. On peut à la fois garder son intimité et partager quelques espaces et usages. C'est un exercice que les architectes font souvent avec leurs clients. On leur demande ce qu'ils sont prêts à mettre en commun avec leurs voisins, notamment dans les opérations d'habitat participatif. Cela peut être un potager, un garage à vélo, une chambre pour les amis ou la famille de passage… Tout cela est possible aussi bien dans le logement collectif que dans les regroupements de maisons et cela encourage la solidarité – ce dont la jeune génération est désireuse, à mon sens.

VOUS AVEZ ÉVOQUÉ LA RÉNOVATION DES LOGEMENTS POUR RÉPONDRE À LA CRISE CLIMATIQUE. COMMENT LES PRÉPARER AUX AUTRES DÉFIS QUI NOUS ATTENDENT ?

Pour la rénovation énergétique, on peut se renseigner sur les aides de l'État. Beaucoup de structures accompagnent les particuliers, il faut pousser leurs portes.

Nos logements doivent aussi s'adapter au vieillissement de la population et surtout ne pas éloigner nos aînés de

« CELA POURRAIT DEVENIR UNE FIERTÉ D'AFFIRMER QUE SA MAISON A ÉTÉ ISOLÉE AVEC LA PAILLE DU CHAMP D'À CÔTÉ. »

la vie sociale des villes : il faut savoir équilibrer tout cela. Des solutions existent : on peut adapter les logements, on doit maintenir le plus possible les personnes âgées au cœur de nos villes. Les Ephad éloignés des centres-villes, loin de tout, représentent une aberration sociale, comme si nous mettions nos aînés de côté. L'intergénérationnel est extrêmement important dans une société.

Autre défi majeur : débarrasser nos intérieurs des matériaux polluants utilisés pendant des décennies. Ils sont pleins de composés organiques volatils (COV), qui ne sont pas sains. On en trouve dans le PVC, par exemple, dans beaucoup d'isolants, des sols, des colles, dans énormément de produits transformés… Aujourd'hui, on a la possibilité d'acheter des matériaux sains, près de chez soi, en circuit court, un peu comme dans l'alimentation.

ON DOIT DONC PENSER AUX CIRCUITS COURTS AUSSI POUR LE BÂTIMENT ?

Absolument. En Île-de-France, il y a par exemple une filière chanvre très développée, qui produit des matériaux pour les cloisons, des isolants, des enduits ou des parois. Et il existe toutes ces autres fibres végétales : la paille, le bois, le lin. Elles sont saines, produites en France et pas assez utilisées. On a la capacité de produire sur notre territoire trois à quatre fois plus de ces matières biosourcées par rapport à ce qu'on consomme actuellement. Les filières commencent à s'organiser, pour la paille notamment. Mais elles ne sont pas assez connues du grand public. Cela pourrait devenir une fierté d'affirmer que sa maison a été isolée avec la paille du champ d'à côté ou presque.

C'est une participation à l'économie locale qui crée un patrimoine collectif comme celui qui existe depuis des millénaires avec les constructions en terre. Plus de 15 % de notre patrimoine architectural est construit avec de la terre ! Les techniques sont différentes selon les régions. Le pisé mélange la terre et les graviers. Dans le torchis, on ajoute de la paille. Nos ancêtres ont créé des techniques avec les matériaux qu'ils trouvaient autour d'eux. Aujourd'hui, sans revenir en arrière, on peut innover, créer des matériaux performants avec les ressources à notre disposition.

La Convention citoyenne pour le climat l'a d'ailleurs souligné. Elle met l'accent à la fois sur la rénovation énergétique et l'utilisation des matériaux biosourcés. Elle préconise que l'État réhabilite tout son patrimoine avec ces biosourcés. Ce n'est pas anecdotique. Il y a, sur le sujet des circuits courts, des pratiques aberrantes. On coupe du chêne français, on l'envoie en Chine où il est transformé et il revient en France pour nous être vendu sous forme de meubles. Aujourd'hui, ce n'est plus possible. ◆

Gallet Architectes